Читай Россию 阅读俄国

首都师范大学俄罗斯语言文学专业博导文库

语言学问题散论

隋然　著

人民东方出版传媒
東方出版社

“首都师范大学俄语语言文学专业博导文库”总序

首都师范大学俄语专业始建于20世纪60年代，1960年开始招收第一批本科生，1980年开始招收硕士研究生，1985年获得硕士学位授予权，2005年获得博士学位授予权。2009年成功申报博士后科研流动站。经过60余年的发展，几代人的不懈努力，俄语专业如今拥有从本科到博士后的完整人才培养体系，从语言、文学到翻译学、文化学、区域学等较为完备的人才培养方向，为国家培养了大批高水平的俄语专业人才。

在俄语专业发展的历程中，起决定作用的是优秀的师资队伍。首师大俄语专业从初创至今一直不乏国内和国际知名的教授，比如国内最早进行俄语修辞学研究的李尚谦教授，《俄汉大辞典》编者刘泽荣之侄刘光杰教授，写下中国第一本《俄语语法详解》的高乃贤教授，俄语语音语调和动词研究专家徐振新教授，与徐振新教授合编《俄语入门》的周鼎教授，还有毛培琦、黄鹏飞、吴汉樱（王福祥夫人）等著名教授。进入新世纪，又涌现出刘利民教授、刘文飞教授、隋然教授、杜桂枝教授等学界名家，保证了俄语专业和学科的学术地位以及人才培养的质量水准。

然而遗憾的是，随着老一辈学者的退休或离世，他们的学术和教学思想也随之消逝，甚至很多学者的名字都不为人知了。他们的论著尽管去图书馆可以查到，但都是零散而不成体系的，在俄语系的系史里缺乏完整的、明显的记录，这对于专业发展的承前继后不能不说是一个重大损失。为了亡羊补牢，刘文飞教授倡议创立“俄语语言文学专业博导文库”，把现有博导的学术思想和成就汇集起来，一方面作为继往开来的一份丰厚学术资源留存，另一方面也是展现俄语专业学术实力的一张名片。他的这一倡议立即得到了大家的积极响应，这样我们俄语专业四位博导，两位是语言学方向，另两位是文学方向，都拿出了代表自己学术思想精华的作品，构成这套象征着语言文学和谐发展的四卷本“俄语语言文学专业博导文库”。

刘文飞教授的《俄国文学新论》是他近年来发表的论文和一些书稿序言的合集，总共14篇文章，内容涉及俄国文化图腾、俄国民族意识、中俄文学外交、文学翻译的意义，以及一些名家的作品和思想研究。他的文章颇有散文意味，语言平实自然，富有诗意。

隋然教授的《语言学问题散论》汇集了他数十年间浸淫俄语语言学、理论语言学及语言哲学研究的部分成果，其中一些问题具有很强的学科前沿性质，语言共性观明显，对外语教学与研究具有普遍理论指导意义，对语言学研究同样具有理论启发意义。

杜桂枝教授的《俄语语言学多维度研究》从语言、句法、语义、认知、心理等维度分析当代俄语学研究的主要特点及趋势、语言的生成机制、社会认知及作用等，涵盖面广，为后进研究者提供了俄语语言学研究的多种路径。

拙作《俄国文学：经典与先锋》汇集了我近25年来在俄罗斯文学研究方面的主要论文，从经典和先锋两个维度展现了我研究的主要领域——现代主义文学、后现代文学、经典作家作品和诗学研究，可以说较为全面地分析了俄罗斯文学在艺术性和思想性方面的独特魅力。

当然，这四本书只是“首都师范大学俄语语言文学专业博导文库”的开山之作，以后当是“江山代有才人出，各领风骚续华篇”。最后感谢东方出版社的大力支持和编校人员的辛勤劳作，让这套书在历经波折之后最终得以面世。

首都师范大学外国语学院院长　王宗琥

2021年6月20日于外语楼707室

CONTENTS

目　录

前　言

21世纪已经过了20年，此时回顾20世纪语言学的发展历程，可谓“万物皆流”与“金石独止”蔚为壮观。哲学和语言学结合而成的语言哲学（分析哲学）纵横百年，强力推动了语言学理论研究的发展。

分析哲学产生于100多年前西方理论科学发生危机的时期。当时，西方主干科学之一的哲学几乎丧失了作为其存在基础的三个主要研究对象：上帝（第一存在）、物质（自然世界）和灵魂（精神世界）。在启蒙运动、迅速发展的自然科学、实证主义和心理主义的挑战和威胁下，数理逻辑研究的进展为哲学指出了一条生路。20世纪初，哲学开始对数学的逻辑基础和语言意义进行研究，开拓出新的研究领域和研究对象，实现了现代哲学的“语言学转向”，走上了语言分析之路，并在语言学中获得了新生，同时也给语言学注入了活力，带动了语言学的发展，使得哲学和语言学趋于统一，那些被语言学界称为语言学家的哲学家们极大地促进了语言学的发展，甚至使原本属于人文科学的语言学进入自然科学，形成所谓的“科学语言学”。

语言的语法知识（规则知识）是某种由无意识的知识和有意识的知识构成的系统知识，无意识的知识在有意识的知识中具有体现的可能性，但却未必能够轻易地依靠心理机制以类推的方法进行心理运算和意识。语言系统知识引出无限的命题知识，这是一个形式各异，但本质又基本相似的系统知识，是生物属性的一部分。乔姆斯基提出“柏拉图问题”的原因正在于此，他试图从生物属性角度去解决这一问题，使原本属于社会人文科学的语言学进入自然科学。

语言是一个信息系统，存在于人脑中的语言信息系统既能生成语言，又能理解语言；既有生成的信息加工过程，又有理解信息的加工过程；同时还存在信息的反馈监控过程。上述过程具有双向性质。语言信息可以拥有两种载体，一种是外部的声音、文字等形式，另一种是内部的大脑神经网络。第一种载体被理解为语言现象，第二种载体被认为是语言系统。传统语言学多研究作为语言现象的第一种载体；当代语言学的研究视点正转向作为语言系统的第二种载体。

在分析哲学中，假设式推理和绝对式推理均具有可能性，依据就在于是“揭示含义”还是“陈述证明”，它们的区别是方法论的区别。分析哲学中大量的推理模式无疑具有演绎性质，因为在“揭示含义”和“陈述证明”的系统内部，任何形式化的论证必然具有演绎性质。演绎模式以一般原则为目标，具有更大的空间和自由度从事全局性问题的研究，因而倾向于分析意义的概念和内涵，表现为“语义上行”；归纳模式以局部语境为依托，并使其单称直觉只适合于这种局部语境，因而对个别实例所提供的证据感兴趣，倾向于分析特殊类别词语的意义，表现为“语义下行”。

人文科学研究面对的一个重大理论问题是，科学的解释形式与结构，在分析和理性重建过程中所求得的精确解释的方法，不仅为自然科学研究所需要，也为人文科学研究自身所需要。以语言学为例，从语言个性走向人类共性，从规则系统发展到原则系统，其体系性创新必须以普遍意义为前提，其可以普遍理解的表述方式和语境当以人类的共同思维为要旨。

作为形式结构的语言现象研究对于一般性区分不同的个别语法规则有意义，对于语言尤其是外语教学和学习有意义，对于比较语言学和历史语言学研究也有意义，但对于语言学的普遍哲学阐释则意义有限；深层次的语言学理论问题主要集中在语言系统上，也即总体的人类语言与总体的人类思维和行为。后者的研究对于哲学问题将产生不可估量的启发意义，也将使知识理论的研究取得突破性进展。以往的语言学研究多集中在语言个性方面，目的在于描写各种语言并对其进行比较或对比分析，便于了解和掌握其外化形式，从而用于教学和学习。但大量的语言研究又发现各种语言具有共性的一面，也即个性差异的背后有很多相近或相同之处存在于所有语言之中，甚至在较深层次上语言的共性更为显著。比如语言符号的普遍性——音、形、义：符号的扩展、历时变化、层次结构、基本语义概念、语法的递归性（反复适用性）、习得的可能性，等等。这类事实有助于做出一个判断：语言的共性是绝对的，而语言的个性则是相对的。中国语言学界普遍忽视语言共性研究的重要性，对语言共性的研究比较消极，对语言个性的研究比较积极，重差异，轻同一。

逻辑实证主义是描写主义语言学的基础，而经验主义也是结构主义语言学的基础。欧美哲学思想中理性主义重新兴起之时，也是经验主义和结构主义受到冲击之日。人类具有共同的生理和心理基础，而语言又是一项具有生理和心理基础的知识结构和知识系统，这就证明了作为语言之间差异的语言个性毕竟是非本质的边缘性规则和参数。过分狭隘地专注于语言个性研究将妨碍中国语言学走向世界并达到世界先进水平。我们需要对以往的研究方法和认识方法进行反思。

本书是作者关于俄语语言学、理论语言学及语言哲学的部分研究成果的汇集，共收入20篇论文，均已发表于各学术期刊。这些论文的内容大致分为三类：一类是在语言哲学视阈内对语言意义问题的研究和探讨，如《语言学研究的哲学表述问题》《分析哲学与认知语言学研究的理论问题》《语言认知理论研究中的概念现象问题》《哲学语境中语言认知的规约性与交际性问题》《自然语言语义结构问题的哲学分析》《自然语言与逻辑语言：人脑与电脑》《语言—语义学与言语思维形式化问题》《语言哲学理论之语言学范式及语言三维空间问题》《俄罗斯早期语言哲学的形成与发展》；另一类是对语言学研究及教学方法论的探索和阐述，如《译学研究的研究与分析哲学的分析》《创新思维基点：语言个性与共性及其关系》《东西方对话中的中国语言教学》；第三类主要是对俄语等语言的具体言语事实的分析和描写，如《语用—语言学范畴中言语行为的社会因素问题》《现代俄语研究的人类中心论问题》《关于俄语交际—语用研究的几个问题》《俄语交际单位研究中的语法范畴问题》《关于实现“反对”意向的非结构型俄语会话重复反应语句》《俄语会话重复反应语句的主观意义》《俄语诗体文本中称名的有定与无定范畴及其意义》《关于俄语指示性间接言语行为》。

本书实为文集，非系统之作，故称“散论”。

隋然

2020年8月23日于北京

语言学研究的哲学表述问题

哲学，特别是逻辑学，致力于研究所有思维行为和言语行为的规约现象。思维心理学将意义概念置于思维学说的核心，并视其为心理事件的结构规则，这也就包含了语言能力概念的一些本质性的成分。语言与人类精神生活各个领域的各种知识和认知形式的构建密切相关，是这些领域中的创造性力量，语言认知的必然性和现实性必须予以承认。在20世纪的语言学和逻辑学中，语言研究转向“事实”和“事件”，也即命题功能和述谓功能被推至前台。在句法层面所要解决的问题包括语言单位中的各种问题：句子与语句、主题述谓基础、述谓论元基础、认知与语法、语义及组合关系、限定与述谓结构、句子命题及其情态、话语语法与实际切分、句子结构与词类系统、句子或语句的各种类型，等等。然而，这种语言学整合研究方法目前尚未完全实现，语言哲学认识论和方法论有必要予以介入。

语言对于哲学的意义是一个需要研究的重要问题，这一领域的建构和界限不容易确定，因为哲学家们关于哲学研究对象和使命的观点分歧颇大：哲学是各种具体科学的系统化和综合化反映？还是各种具体科学价值的评判基础？抑或哲学的使命就在于形成人类认识、愿望、推测和道义的某种上层建筑？这些观点与语言的哲学作用问题密切相关。早期的语言哲学家，如德国的舍勒（M. Scheler），认为哲学与人类自然语言的关系远比其他学科密切。对这一问题的研究必然要涉及认识论和逻辑学问题。

一、语言与哲学关系渊源

对于认识论和逻辑学而言，语言在其研究对象中所占据的地位和所发生的作用成为决定性问题。整个哲学发展史中表现出的唯名论趋势说明了这一点，哲学不断试图明确某些逻辑通用原则和范畴与具体语言的关系也说明了这一点。为此需要首先分析认识论与逻辑学中的两个本质性概念：思维能力和思维共相。从人类思维活动的可能形式的基础看，人类思维能力实际上是一种逻辑能力，表现的是思维能力最普遍的条件和结构规则，从而对思维共相做出评判。这当中的核心问题就是：人类的思维能力和语言能力之间存在何种关系？语言能力是否可以成为思维能力的表现形式？几乎所有的学者都承认思维对于语言的依赖关系，认为脱离语言的思维不仅无法想象，而且也不可能（有人认为似乎存在某种脱离语言的思维，但只能提供十分狭隘的证明）。那么，语言能力的本质和规则是否源于思维？对此还没有普遍认同的答案。思维能力的概念在哲学中还没有统一的定义，因而它在哲学论断中还不是一个固定值。另外，哲学目前也无法给人类的思维能力做出某种结论。18 世纪及 19 世纪初期的西方语言哲学家们曾努力探索过人类的语言能力和作用问题，只是未能持续下去，当时的哲学也未发现研究这些问题的必要性。后来这些问题再次引起学者们的注意，其中洪堡特（W. von Humbodt）就一再强调这样一种原则思想：语言比较研究的基本目的之一就是检验人类的语言能力，所有个别的语言都具有相近的关系，所有的特点，甚至是很不同的特点，都集中于人类的语言能力，而这一能力是语言研究的核心[①]。洪堡特提出的人类语言能力一说是其非常重要的思想，他在早期的语言学著作中就曾不断论述过这一问题，并在后来“普遍的语言本质”思想中做出了进一步的扩大和阐释[②]。

思维对语言的依存性贯穿于所有现实的思维行为中，但也要将与语言能力相关的思维活动以及与语言能力形成另一种相关的思维能力做出区分。哲学，特别是逻辑学，致力于研究的正是这些对所有思维行为和言语行为进行规约的现象。思维心理学将意义概念置于思维学说的核心，并视其为心理事件的结构规则，那么这一意义概念也就包含了语言能力概念的一些本质性的成分。逻辑在实际应用中证明，思维能力表现形式和语言能力表现形式的区分毫无根据。这些问题出现混乱的部分原因是术语系统不够统一，即使是致力于“检验人类语言能力”的洪堡特也有这样的表述：“所有民族的思维规则完全相同。”[③] 他仿佛是想要将某种“普遍思想的不变规则”从语言能力的研究中独立出来，并标识语言多样性可能的范围。但据此还不能做出洪堡特原则上区分人类思维能力表现形式和语言能力表现形式的结论，也谈不上限制语言学家对语言能力的研究工作。解决这些问题的途径或许只能是：在语言比较或对比研究过程中，将人类思维的逻辑规律与人类各种语言的基本共性相结合。但需要指出的是，无论是哲学界还是语言学界，在这些共性表现的可能范围方面都不存在共识。一些学者认为应该在人类思维和认识的内部考虑思维共相的基本成分，另一些学者则对此表示怀疑，认为这种基本成分并非像通常想象的那样有意义。有意思的是，后者更多地得到“比较科学”

① W. von Humbodt, Gesammelte Schriften, B., B. Behr, 1893. v. Ⅶ, p.622, v. Ⅳ, p.242. p.622.

② W. von Humbodt, Gesammelte Schriften, B., B. Behr, 1893. v. V, p.374, v. Ⅵ, p.151, v. Ⅶ, p.52.

③ W. von Humbodt, Gesammelte Schriften, B., B. Behr, 1893. v. Ⅵ, p.301.

（那些从观察材料得出结论的学科）的支持。毫无疑问，很多在人类头脑中固定下来的世界观和行为方式仿佛都已经被掌握了，并形成社会规约。这涉及各种审美现象和艺术形式，诸如对事物愉快与否及饮食可口与否的评判、对音乐中各种不同音程的音阶的评价等。这一切对于思维的各种概念和形式同样适用。

在这一语境下，以语言为视角研究上述问题或许能获得一定的意义，因为“绝对自然世界观”概念与“相对自然世界观”概念相互矛盾。问题是，相对自然世界观的形式与哪些集合主体（社会及语言集团）相关联？这些形式如何表现？通过何种途径形成？如何代代相传并不断发展？从语言学角度对这些问题进行研究似乎很合时宜。在以超越时空方式对人类进行划分时，可以得出两个群体，一是共同种族群体，二是共同语言群体。这两种群体又并非总是相吻合，而有关相对自然世界观的事实恰恰与共同语言群体的关系更为密切。早期的比较心理学研究表明，土著人、精神病人、儿童和成年欧洲人在亢奋状态中会产生共同的“自然的世界意象”。人类对外部世界的自然反应首先表现为恐惧，因而会产生与之相反的理性力量，形成相对自然世界观，这并非种族原因所使然，而是与某一语言群体内部共同的精神形式相关。在某一语言群体之中，很多被认为是“无可争议”的东西自然都会因共同的语言（确切地说，是以共同语言为载体的思想交流）而变成“不言而喻”的东西，不同种族的群体通过共同的语言形成所谓的“精神同盟”，并包含了相对自然世界观各种广阔的领域。对于相对自然世界观事实的形成和传达而言，语言具有重要意义。语言的比较或对比研究为推测人类的区别提供了依据（甚至是界定），因为这些区别涉及理性和精神，并在语言中得到充分的反映。

由此可见，思维能力和思维共相问题必然涉及语言学视角下的认识论和逻辑学研究。当然，这里不可能单方面地夸大语言的作用，而是将语言学与哲学结合起来。其中最有前景的是认知理论，也即以正确的角度将语言学纳入认知过程研究。不考虑语言问题，认知问题便不可能得到解决。因此，只有对语言进行深入的研究，包括比较和对比研究，才能充分发挥语言对认知理论最大限度的作用。认知是人类精神的家园并存在于语言之中。每一项认知行为都必须是创造性行为，具有主体个性的参与，同时这一行为只有借助语言才得以成为可能。在语言中可以发现一个民族认知过程在各个时代的反映。为此需要对认知过程中的语言和对成为研究对象的语言做出评价。只有将语言视为人类社会认知形式时，语言与逻辑问题才能获得解决。

语言对于逻辑概念问题的作用非常显著。有关概念的学说以各种不同的方式证实了其向意义转向的本质。每当逻辑学阐述概念的存在价值、意识、定义类型时，都必须考虑语言符号在概念本质内容构成中的作用，并通过语言在共同的语言群体内传播，也即将概念作为“词汇意义”予以理解。因此，逻辑学每前进一步都要伴随语言层面的分析。逻辑学关于判断的学说建立在前提的基础之上，在思维共相问题上可以不排除探寻人类共同思维形式，或者可以不排除确立理想的、真值的、必然的判断形式。从思维基础看，关于人类思维统一性的推测具有存在的合理性。问题在于必然和普遍判断形式的现实基础是什么。大量的逻辑判断手段和方法都相当精细，而且不会产生歧义，但这并不意味着它们因此脱离某一特定语言类型的思维形式范围（比如英语）。不能不注意那些其他各种语言群体的思维形式问题，比如，在很多语言中基本上不具有现代普遍使用的逻辑判断的某些形式。语言是普遍的认知形式，而思维形式则存在于某一具体语言群体的语言句法现实之中，思维形式的获得有赖于语言学习，并使该形式成为正常和自然的思维方法。难道逻辑学可以指出一条使语言前提脱离逻辑系统的现实途径吗?

哲学中最富争议的是形而上学。语言学家无法决定科学哲学是否应该研究形而上学问题,但却必须看到形而上学与语言有着特别密切的关系。当然,这在20世纪的哲学史上也是一个争议问题。语言是哲学思想的工具和载体,语言对于科学思维意义重大,形而上学思维与民众口语的关系比任何其他学科都密切。哲学概念和术语辞典表明,哲学术语的统一性和稳定性都要逊色于其他学科,围绕自然语言词语的争辩对于哲学特别危险,因此哲学家致力于减少使用自然语言的词语以避免哲学上的争辩,并转向逻辑语言,最终使逻辑表述完全脱离日常自然语言。于是,逻辑学是否原则上克服了对自然语言的依赖性,抑或逻辑学是否在很大程度上包含了完善的程式化和形式化自然语言手段,便成为关键性问题。逻辑学与数学思维的关系最为密切,因此,对逻辑学的评判涉及如何解决语言与数学的相互关系问题。

由于哲学流派众多,体系纷繁,彼此缺乏逻辑和术语联系,有人指责哲学偏离了自身的纯哲学问题。对此语言学摆脱不了干系,只要哲学是在用语言构建自身,只要语言事实作为前提、对象和手段对哲学发生作用,语言学和哲学就将一直纠缠下去。

语言与人类精神生活各个领域的各种知识和认知形式的构建密切相关。毋庸置疑,语言是这些领域中的创造性力量,任何知识的扩展都必须运用语言手段,语言认知的必然性和现实性必须予以承认。

二、语言的哲学时空观

在20世纪的语言学和逻辑学中,语言研究转向“事实”和“事件”，也即命题功能和述谓功能被推至前台。在句法层面所要解决的问题包括语言单位中的各种问题：句子与语句、主题述谓基础、述谓论元基础、认知与语法、语义与组合关系、限定与述谓结构、句子命题及其情态、话语语法与实际切分、句子结构与词类系统、句子或语句的各种类型，等等。然而，这种语言学整合研究方法目前还未完全实现，语言哲学认识论和方法论具有介入的必要。

20 世纪初，索绪尔（F. de Saussure）曾指出语言理解中的现实时间问题：语言的线性关系以及连锁关系。他仅仅以语音和书写形式界定了现实时间对于语言的作用，并认为这种作用不具有语义内容。事实上，现实时间对于语言的影响仍是一个未得到充分解决的问题。理论分析表明，现实时间首先在语法或范畴语义层面对语言发生作用，也即作用于语句和词语的总体意义内容。语言学需要解决的问题之一是展示在现实时间线性关系中人类自然语言语义结构和形式结构的相互关系。

语义线性关系具有“主体一行为”和“行为一目的”这样的“两极成分”，同时也表现为具有三个要素的整体，即“主体一行为一目的”。一般说来，那些反对语义线性分布现象的观点，首先着眼的是词汇语义，而词汇语义在很大程度上也确实具有垂直等级和共时性质。但在阐述语句甚至词类系统结构中的语法范畴语义时，就需要对以下基本术语和概念提供显性的解释：通过主语（名词）表达的主体（事物）、通过谓语（动词）表达的述谓（间接特征）、通过定语（形容词）表达的限定语（直接特征）以及状语等其他表示间接特征的各种间接成分。正是这些语法的语义成分成为线性关系的界定对象并产生相应的关联。线性关系不应该简单地被理解为语句成分的时序，而首先应该被理解为线性时序中的联系手段。比如语句“他学习好”，并不单纯意味着词序在时序上的先后排列，而是“他”与“好”通过“学习”在时序上相联系。这便是所谓的“时序间隔原则”。

现实时间具有两个基本的物理特征：单维性和单向性。这两个特征对人类的自然语言都具有决定性的作用。在现实时间的单向线性轴上，只能产生两种类型的语句结构：具有非对称关系的双成分结构类型和具有间接关系的三成分结构类型。双成分结构以现实时间的先后顺序为基础，如果一个事件先期发生，那么另一个事件只能随后发生，而且两个事件之间形成非对称关系：前期事件和后期事件。三成分结构以“过去—现在—将来”的现实时间为基础，如果三个事件依次发生，那么第一个事件和第三个事件只能通过中间的第二个事件相联系，而且三个事件之间形成间接关系：原发事件—中介事件—终结事件，也即过去时通过现在时与将来时相联系。显而易见，间接关系自身隐含着非对称的二元关系：第一个事件与第二个事件具有非对称关系，而第二个事件与第三个事件也具有非对称关系。在人类的自然语言中，现实时间线性关系中的事件在深层意义上表现为潜在的语义结构要素、事物及其特征，在表层意义上表现为离散性的称名符号。

真正的原创性科学研究分为两个阶段，首先是寻求原则，然后再根据原则发现并扩展结果，而不是通过经验确立原则。这是演绎模式和归纳模式的基本区别。语言学理论同样需要明确的初始概念以及统领这些概念的原则和公理。这当中最重要的两个概念是“对象”和“特征”。在每一种具体的情况下，对象可能只有一个，而一个对象却可能具有无限的特征；对象和特征作为结构要素在语言思维中形成以对象为主要核心成分和特征为从属及边缘成分的结构。这些初始概念、原则和公理引导出语言思维和言语交际中基本的二律背反现象，某一对象所具有的显性或隐性特征可能无以计数，但在某一对象的具体认知行为和报道行为中可以归纳出最终有数的特征。这种二律背反现象的解决之道就在于从无限的对象特征抽象出有限的语言结构，同时又赋予语言思维和言语交际以无限的过程。对象和特征概念在其他知识领域中同样可以得到阐释，比如逻辑学。

深层语义结构建立在线性单向的现实时间之上。同时，以间接关系为基础形成三成分述谓部分，第三个成分通过第二个成分与第一个成分相联系，其中两个特征要素在对象之后按顺序展开，与时间流吻合，比如语句“太阳发出耀眼的光芒”。语言结构的限定部分建立在非对称关系基础之上，其从属性的特征要素在对象之前按顺序展开，与时间流相反，呈逆时针状态，比如“早晨明亮的阳光”。在四维物理世界中，语言的交际单位以其中的一维线性单向的现实时间展开，并通过人类的思想反映、表达和报道世界内容，从而形成两种形式：主体—述谓形式和述谓—论元形式（命题功能形式）。因此，语言的初始语义结构的表象是：直接特征—对象—间接特征—间接特征。在这一结构中，特征的数量及其最低限度的差异受制于它们在结构中的地位，也即首先与作为核心成分的对象发生关系的状况，形式和内容因此融合成有机的统一体，其中也包括语言内部和外部的规约特征。对这些特征的数量、关联和普遍本质起规约作用的正是线性单向的现实时间。这就意味着现实时间在整体上对语句结构、词类及语法系统的容量和共同特征进行规约。而且，语言的深层语义结构具有内部的动态性，因为对象的特征很多，语言思维自然要致力于反映这些特征。所以，语言的初始命题包含三个要素（对象、第一特征、第二特征），并在线性单向的现实时间轴上伸张。在这一命题中，作为中间成分的间接特征（一般为动词）不仅将第二特征与对象联系起来，而且还对它们进行分割，这使得命题变得松散而不连贯。但这种结构作为整体可以存在并发挥功能的原因就在于人的参与，说话者使这些特征与对象相关联。这也意味着述谓结构各个要素与该整体结构本身一样，不仅具有客观性，而且具有主观性。主观性表现为：说话者确定述谓特征与对象的现实或非现实联系，并确定联系的时间，也即选择语句的时态。正是主观性为组合关系向聚合关系的转变创造了条件。在间接特征所隐含的主观性的影响之下，显现的不仅是对象的内部特征，而且还显现了其对外部世界其他对象的态度，包括时间和空间。所以，间接特征形成了语句潜在述谓的“垂直”聚合轴线：性质、地点、时间、客体、界限等等。康德哲学中的分析和综合判断思想恰恰可以与此形成对照。

以语句中的动词而论，世界上的所有语言都以不同的方式表现出两种特性：一是动词形式指示时间，二是动词语义结构反映其他成分，比如作为语法对象的主体、作为状语和客体的各种间接特征。需要强调的是，上述两种特性最终受到现实时间的物理特性支配和规约，包括现实时间性间接关系。

语言的语义结构所依赖的是“对象—共同特征”这种二元逻辑或认知结构。这一结构围绕逻辑—语法对象及其特征以现实时间为轴线展开。“对象—共同特征”二元结构是语句潜在的主体—述谓基础，其中限定部分（直接特征）依附于逻辑主体，而述谓部分（间接特征）依附于逻辑述谓。在语言思维进一步形成的过程中，还会产生语句的述谓—论元结构，它与语法系统特点的联系更为紧密，在语句结构中涉及对象题元，而动词述谓则恰恰成为作为语句述谓—题元的命题功能的核心。如果说作为主体—述谓结构的语句反映的是世界普遍的对象—特征本质，那么作为述谓—题元结构的语句反映的则是各种纷繁的事件和情境，也即维特根斯坦（L. Wittgenstein）意义上的“事实”。在语句的语义结构中，潜在的逻辑判断式 S—P 以随机方式通过对语句的实际切分呈现出来。这就意味着语义结构所依赖的基本思想内容间接地与言语中的思想形式发生关系。因此，以语言为手段表达的逻辑判断是潜在结构（对象一特征）和实际结构（主题一述题）的统一体。

可以做出这样一种假设："直接特征一对象一间接特征一间接特征"这一语句的语义结构模式存在于世界上所有语言之中，尽管其表现形式各异。各种语言都具有相同或相近的深层语义结构，至于区别则首先表现在语音和语素面貌、具体意义内容表达以及衔接方式上。然而，从本体论角度看，人类自然语言都是时空中的现实存在并发挥功能，如果说时间的物理特性（单维性和单向性）决定的是各种语言的共同之处，那么空间参数（首先是交际双方或交际社会群体的空间距离等）产生的则是各种语言的差异之处。换言之，时间意义上的语言是统一的，空间意义上的语言是唯一的。

在对各种语言进行比较或对比研究中，可以发现大量的共性，这些共性便是语言共相：各种语言所固有的和部分语言所固有的东西。语言共相是语言哲学研究的前提之一。

语言哲学研究的一个重大理论问题是科学的解释形式与结构，当代语言学致力于科学的语言和思维研究有其深刻的哲学背景和意义。无论是逻辑实证主义，还是语言批判主义，都必须专注于语言学合理性的理性研究这一核心问题，包括言语行为在内的文化行为研究与哲学发生关系并以哲学为平台的原因就在于此。

（原载《外国语言学及应用语言学》2002 年第 1 辑）

分析哲学与认知语言学研究的理论问题

语言与认知的关系在分析哲学（语言哲学）中具有重要意义，其研究的传统基础首先表现为阐明语言在知识获得和表达上的各种基本功能，因而认知理论中的术语系统、感性经验与经验概念的关系、主观概念与客观概念、语言使用的手段和目的等问题被推至前台。人类通过语言对自己的思想对象进行分类，由此形成概念，然后通过判断和推理来论证和把握知识。语言具有信息、意向和情感传递功能，不仅可以表达特殊知识，而且可以表达普遍知识，同时还可以发挥社会功能——通过符号与外部世界发生关系，最终使思维活动本身得以实现。在目前的“后分析哲学”时代，将语言作为“世界经验”（experience of world）的研究视点值得注意和探讨，因为作为认知主体的人在“世界经验”中预先自我发现和自我定位，这不单纯是哲学认识论问题，更是总体意义上的语言认知理论问题。迈尔（E. Mayr）指出：“新实体在更高的整合水平上予以组合时，不是新实体的所有特点都是其构成特点的逻辑的或可预测的结果。”[①] 帕蒂（H. Pattee）也曾经说过：“生物组织……具有无限的能力用以演变新功能以及新的控制等级水平，同时在每一水平上保持相对固定的基本构成。”[②] 就语言学话语而言，言语行为各种功能之间的转化并不明显，但却

① E. Mayr Toward, *A New Philosophy of Biology: Observations of an Evolutionist,* Belknap Press of Harvard University Press, 1988, p.34.

② H. Pattee (ed.). *Hierarchy Theory,* New York: George Braziller, 1973, pp.106-107.

具有神奇的力量，其事实依据在于生命系统与活动环境之间所保持的平衡状态，至于该平衡状态如何反映并运算，这是认知科学、认知语言学和计算语言学面临的最大问题。

一、语言与认知问题

美国新实用主义哲学家理查德·罗蒂（R. Rorty）阐发其所谓的“后哲学文化”，意指分析哲学的终结，因而仅仅称其为一种“文体的形态”和“人类交流的声音”[①]。但实际情况并非完全如此，他本人的研究实践也说明了这一点。罗蒂在《哲学与自然之镜》（*Philosophy and the Mirror of Nature*）中，以戴维森（D. Davidson）的研究思想为主要依据，对认识论（epistemology）和语言哲学（philosophy of language）的关联问题进行了探索，并试图将分析哲学与欧洲大陆哲学联系起来，这是当今认知哲学很有意义的研究方法之一，并成为认识论和语言哲学关系的元层次（metalevel）分析。罗蒂首先将认识论视为认知研究的传统学说——对心智以外所有事物的精确表示，以及对该表示构成方式的理解和对普遍表示理论的创建，其基础是视觉隐喻（picture metaphor）和镜像隐喻（metaphor of mirror），而曾经将这种认识论或传统认知理论予以具体化表达的则是洛克（J. Locke）、笛卡儿（R. Descartes）和康德（I. Kant）。维特根斯坦（L. Wittgenstein）、海德格尔（M. Heidegger）等哲学家也提出了其他的一些研究方法，各自论证放弃认知概念作为精确表示的必要性，原因在于这种精确表示的可能性依据是专门的心智活动过程。尽管他们的批评观点很有意义，但也不得不承认，他们并未提出可供选择的认知理论，因此罗蒂仍然面向传统的认识论。

① R. Rorty, *Philosophy and the Mirror of Nature,* Princeton University Press, 1979, p.264.

在弗雷格（G. Frege）和塔尔斯基（A. Tarski）的“纯粹型”语言哲学中，不存在认识论上的预设观点，也不触及哲学的传统问题；在罗素（B. Russell）、卡尔纳普（R. Carnap）和奎因（W. Quine）的“混合型”语言哲学中，可以发现明显的传统认识论痕迹。“混合型”语言哲学将纯粹的意义理论与传统的认识论研究混为一谈，从而导致此后的操作主义（operationalism）、实证主义（verificationism）、传统主义（conventionalism）等流派产生各种不同的形式和变体。所以，有必要在语言哲学概念中消除非认识论倾向，与此相关的是消除意义问题与事实问题的差异，并对康德关于情感接受与先验概念差异一说进行语言学意义上的重新阐释。这实际上并非意味着尝试描写现实的真理和最终结构，而是意味着对现实仅仅进行部分描写的方法，也即对语言的使用情况实行描写的方法。“语言真值理论”（theory of linguistic truth）研究方法最终将导致两种可能性的丧失：既不能将哲学问题进行形式化表述，也不可能说明语言与世界的关系，使得问题的研究变成对各种语句使用条件和状况的解释。

分析哲学认为，哲学的主要任务是对意义进行分析，意义理论不仅是认识论的理据，而且也是整个哲学的理据，语言哲学是研究理据的学科，认识论问题只有在意义理论中才能得到正确的解决。语言的形式与意义（用法）成为一对矛盾的统一体，前者具有科学逻辑性质，后者却成为无法相互取代和还原的“语言游戏”，也即维特根斯坦所说的语言的“不可概述性”。“语言的表象是词汇的形式，而不是该形式所形成的用法”[①]。只有清晰展示语言的各种语义网络状况，分析哲学才能最终解决其研究对象问题。如果说语言在事实关系上与世界紧密相连，那么人类将永远处于与世界的联系之中，同时也将永远面临丧失与世界联系的

① C. Barrett, *Lectures and Conversations*, Basil Blackwell, 1970, p.2.

风险。对综合句子（synthetic sentence）和分析句子（analytic sentence）进行区分，并把每一个语句简化成模式，这势必无法指明言语主体的丰富情感经验。“经验主义教条”的前提是研究孤立的句子，在理论语境中偏离其功能，只检验个别句子的真值，而非考察其整个系统。整体论（holism）及其研究方法将知识的真值问题引入整体评价范围，这实际上也是科学与非科学的区分问题。哲学面临的风险就在于对科学和非科学进行区分。罗蒂及其他哲学家试图说明认识论及语言哲学问题的特点，指出以语言意义理论为核心的分析哲学搁置了语言的预设性和先验性，忽视了海德格尔所说的“人的本性寓于语言之中”这一事实，因为人类生存的第一空间是语言，在认识研究上要赋予语言以应有的位置，所以在意义理论语境下的语言研究似乎对认知理论毫无成效，应该首先将语言视为“世界经验”，将语言的认知问题的研究从语句层面转向人类作为认知主体所拥有的语言整体论研究方法层面上来，其中语言已不仅仅是符号系统及其意义，而且还是历史文化语境，甚至是“本体论视界”（ontological purview），因而解释学（hermeneutics）及其语言研究线索的“本体论转向”对认知哲学研究具有十分重要的意义，并有望走出“纯粹认识论”的误区。

二、解释学：认知主体语言的整体论研究方法

古典解释学关于语言的论述使得语言在哲学中占据了关键的地位，语言已经被理解为“世界万象”，理解问题借助于解释的语言在这一“世界万象”中展开，在致力于以语言表达事物本身的同时，又成为解释主体本身的语言。洪堡特的语言哲学思想对语言及其本体论做出了基本论述，提出了特别的语言观，同时将

语言理解问题推至前台。

语言哲学家们在研究比较语言学理论与认知理论的关联时，首先试图阐明洪堡特对康德认识论的态度问题。洪堡特非常了解康德的理论，但未必无条件地予以接受。与康德相同的是，洪堡特从外部现象转向人类思维和认知的内部和深层，致力于克服语言学理论中的“幼稚现实主义”，这意味着主要问题不在于经验材料中的事物，而在于阐明该事物转化为意识和认知对象的条件和途径。然而，康德创立的批判哲学存在“断层”问题，没有给予语言以重要的地位，语言成为边缘现象；康德的哲学体系包括逻辑学、伦理学和美学，但不包括语言学。语言是理性的工具，是人类联系的纽带，是文化及精神研究的新领域，人类理性的批判离不开人类语言的批判。洪堡特考察了康德的思想及语言学问题，以哲学思维严格的方法对其进行了综合，认为主观活动创造了思维中的对象（客体），这一对象的构成并非是对现实事物的纯粹接受，而是感官与精神活动内部过程相互作用的结果，由此产生的意象被重新理解为对象，之后又重新返回到主体范围。意象在客体化过程中并非与主体脱离，其全部过程只有通过语言才可能实现。没有客体化过程以及主体返向过程，概念将不可能形成，思维也不可能进行，因为上述过程只有借助于语言才得以实现，即使思维过程在沉默中进行，情况也是如此。语言是思维的必要前提，而且并非一定要伴随人类交际的需求。洪堡特提出的一个原则性论断是将语言视为人类的活动，这是一种特殊的活动，具有连贯性、完整性和集合性。洪堡特关于理解问题的本质性思考并非意味着仅仅掌握词汇和句子的意义，而是针对通过精神活动实现这种掌握的基本和重要因素：交际及交际中的发话人和受话人。在交际中语言获得其本质性和完整性；人类作为认识真理及追求真理的主体，总是面临某些偏差的危险，而人与人之间经常性的交际可以保证对这些危险的克服，因为言语活动就是将个体性理解与人类的普遍本性联系起来。除此之外，理解依据是内部独立的活动、对外部刺激的接受及其对类同现象的理解。语言的各种社会性和社会文化规约性层次和形式在主体交际中获得个性化形式，并进入语言交际者和解释者的理性意义系统。从总体上看，语言不仅仅创造思维和理解的可能性，也不仅仅在语言意义和语法范畴中对思维和理解过程的结果进行定位，而且还是心理统觉（apperception）和世界观现象。洪堡特认为，语言是外部现象世界和人类内心世界之间的世界，语言不单纯是人类相互交流理解的手段，其区别也不单纯表现为发音和符号形式差异，语言更是人类精神力量在其自身和客观事物之间所设立的世界。与其说语言反映的是语言外部世界的特点，不如说语言是世界进入人类头脑的手段以及人类对待世界态度的方式。这种关系取决于每一种语言所特有的语义切分类型。

应该指出，洪堡特的语言哲学观经常直接涉及认知理论问题，并将其主观范畴、客观范畴和真值范畴与语言联系起来。语言在相互交融、自我纯洁以及改革变化中代代相传，最终创造了人类种群，从而实现从主观向客观的转化、从有限的个体存在向无限的群体存在的过渡。洪堡特敏锐地觉察到，针对被认知的事物，语言具有主观性，但对于认知主体而言，语言又具有客观性，因为人类的本质具有普遍性。就真值问题而言，校正知识的准确性及避免误解的可能性就在于认知具有交际特性和语言具有使用功能。此外，语言不仅可以表达特定的真理，而且也是发现真理的手段，后者尤其重要。因此，语言特性与人类精神的内部活动相关，其中语言不仅仅是人类相互理解的方式和工具，而且还是精神（主体）与客观事物之间的一个真实世界。由此可以做出推论，人类的本质蕴藏在语言之中，人类生存于语言之中并借助于语言，但同时人类又远离语言，只注意到语言表意和交际这些部分功能，未能认识到语言整体的历史文化本性及人性，最终未能认识到语言的本体论性质。思维是一种心理现象，在以概念为基础进行判断和推理的言语行为过程中，不可能不受情感、意向及意志等心理因素的影响，排除这些心理因素，“思维的性质和过程就不可能得到理解”[①]。

三、语言研究线索中解释学的本体论转向

加达默尔因循洪堡特的语言哲学观，致力于“解释学的本体论转向”（interpretative ontological turn），将语言视为解释经验、解释学本体论的基点和世界经验，语言的特点是解释过程，是对解释事物的判定。与海德格尔一样，加达默尔依据洪堡特的思想深入考察语言学问题，语言是世界存在和表达的载体，世界的存在是语言的存在，尽管对于世界而言语言并非独立存在，但语言的真正存在正是世界在语言中的表达，语言原本的人性同时意味着人类在世界中存在的原本的语言性。

在语言及人类存在的理解问题上，这些解释学的基本论述对认知活动和认知语言学具有总体的决定性意义。认知只有在人类语言世界观的内部才得以实现，世界是一个整体，与之相关联的是人类的经验，并借助于语言使之图式化。不过这种观点也并非意味着将认知主体局限在单一的语言世界的内部，排除其他一切的认知可能领域。人类总是可以进入其他多个语言世界，不断克服先前世界经验的局限，同时又并非背离和否定语言世界观本身，只是对其进行扩展，以其他图式予以补充。

加达默尔关于语言在视度认知和表达中的作用的论述很有意

① F. Schiller, *Formal Logic: a Scientific and Social Problem*, Macmillan, 1912, p.96.

义，比如人们言语中的“落日”表达的是现实视度，任何处于静止状态的人看到的都是这一景象，对于人类的观察而言，“落日”具有现实性，因为这一现象与人类存在关联，并不能以科学的视点予以否认（对于科学研究而言，这是地球运行旋转而产生的现象，不存在“日出”或“日落”的问题），真理本身与对待世界的态度相关联，不存在完全纯粹意义上的真理，只有语言才能现实性地完全开启对待世界的特定态度，其中的视度与科学具有共存的权利。语言不仅保存常性的东西，而且还表达变性的东西，并且使凌驾于个体意识之上的现实变得清晰可见。加达默尔得出这样的结论：语言并非是反射思维的产物，世界的语言经验具有绝对性。显然，这种解释学思想与其他各种不同的语言学理念总体上应该成为现代认识论及认知哲学的基础，并在人类学语境中及历史文化前提下予以研究。

毫无疑问，对于认知问题研究具有重要意义的不仅仅是语言与世界的关系，还有语言本身一系列重要的特点及其涉及人类意识和知识的针对性。语言并非是需要时用、不需要时则不用的工具和手段，没有语言便没有人类的存在，即使在沉默无语的情况下也是如此。语言“现实自我遗忘性”这一基本特征首先表现为语言的“各种参数”——结构、语法、形态等等——在活的语言中往往不被意识，甚至可以说，越是活的语言，其参数的意识程度越低。语言学特征的研究只有在抽象和扩大逻辑距离的条件下才有可能取得进展，同时研究其他民族语言也是必要条件之一。考虑到这种情况，对于语言认知作用的研究就不应该仅仅局限于形态学、语义学、词汇及范畴内容、书面文本的认知和交际潜力，而且还要注意那些明显未被表示出来的关于世界的想象（世界图式）、文化传统及心智，这也是说话者以及以该语言思维的思想者主体范畴中的重要因素，这些因素在语言及人类的交际、知识和现实生活中都会得到显示，因此首要的问题不仅仅是语言的形式以及相当稳定的组织结构特点和参数，而且还是那些难以确定的、自然的、只能意会的和不清晰的意义。当然，关于语言中的清晰与非清晰之处的观点本质上也在不断变化。此外，语言的“无人称”特征表示言语不属于“我”的范围，但属于“我们”的范围，而对话流程则可以描写为游戏概念（问答游戏），也即维特根斯坦的语言游戏隐喻一说。语言的这一特征对理解语言的认知使命同样具有重要意义，因为它有助于捕捉语言的精神现实，这一精神现实与新的现实——认知的虚幻现象——构成一个统一体，后者通常在对话以及作者与读者两种意识相交而成的文本隐含意义中出现。语言的普遍性如同理智的普遍性，表现为人类说话的能力。言语具有内在的无限性，其交际角色的交替现象使得会话中的问答交谈具有无限的可能性。以翻译活动为具体实例可以在某种程度上说明这一问题，在翻译活动中译者应该从自身发掘无限的言语空间，目的在于适应其他语言之所述。然而，当面对翻译活动问题时，其个性化例证便显而易见，至于语言和认知现象则需要更深入地研究。

四、翻译活动：语言与认知问题探索方法之一

翻译现象在语言与认知问题上具有一定的说明意义，它在特定的认识论范式内会改变其内涵。范式之一源于脱离语言的思维过程，认知结果仅仅被赋予语言的形式。这一传统范式发端于古典及康德的理论，其中也体现在洛克的认识论中。范式之二的关键之处在于承认世界结构与语言结构等同性的论点，同时也在于维特根斯坦关于将交际理解为个体对事件状况报道的编码—解码的观点。在这两种范式中思维被视为独立于语言和交际的

现象，解释及主体与主体之间关系现象问题在本质上无论对于普遍的认知而言，还是对于翻译而言，都不具有意义。范式之三是作为“转换”现象形成的，是对以前未加考虑的语言与交际因素的重新审视，并将主体与主体之间的关系作为认知可能性的基本条件，因而解释学、语用学和语言哲学的思想完全渗入其中。在著名的“符号—客体—解释者”三元结构中，解释主体开始受到认真关注，而以往的“主体—客体”认识论观点则被“解释学理论认知外貌”及“主体—主体—客体—关系”所取代，基于语言的先验解释学概念的思维与认知不应该被理解为唯我性思维的意识功能，而应该被理解为主体之间的论证性和理性认知现象，并取决于语言和交际。但对于认知主体以及翻译活动主体而言，尚不明确的因素浮现出来并成为主要问题：语言—主体之间关系性（交际性）—解释。主体问题在当代语言哲学研究中将语言学、心理分析、认识论、逻辑学、哲学，甚至历史学、政治学结合为一体。

在语言习得过程中，人类完全受制于主体间关系及其指示性，因此语言意义就在于人类对社会可观察现象的刺激做出公开反应的倾向性，而翻译活动也显现出系统的无定性：两种语言使用者的个性语义关联和分析假说系统互不吻合，互为隐含。这种情况将进一步加剧无定性现象的复杂性。需要指出的是，翻译活动特点对语言认知中的无定性问题具有说明意义，这种特点对真正知识的获取和论证发生相应的影响。

语际转换是哲学文本阐释的特例。翻译活动本身并非是形象转换，也并非是复制，而是解释。任何解释的共性问题都在于此，只是表现特点无疑有所变化。对解释特点发挥首要影响的是语言本身。语言对人类做出划分，也为人类的交际设置了障碍，原因不在于语言各异，而在于思维方式和系统的差异，最终在于哲学思想的差异。每一种语言都拥有一定的范畴结构特点，针对哲学文本的翻译活动尤其明确地展现了这种差异，似乎译者本人就应该是哲学家，对所译文本的具体理论内容要有意识地予以研究和解释。每一部作品都是独一无二的创作，译本仅仅使读者接近这一创作，因而同一作品可以产生多种不同的译本，也必须产生若干不同的译本，以便传达某种必须传达的界限。

解释理论对翻译文本同样发生作用，这是因为翻译活动取决于译者的主观立场，译者或侧重于译语（target language），或侧重于原语（source language），前者表现为模仿及转述，后者表现为纯粹的翻译。但解释性翻译更多地取决于两种语言空间上的相互关联程度以及时间上的相互阻隔程度，在翻译空间和时间跨度较大的原作时，译语（母语）也在发生某种相应的变化。在与目标文本相关的认知过程中，经常发生维特根斯坦所谓的“语言游戏”现象，也需要进行翻译，尽管这种“翻译”并非像真正翻译那样表现为从一种自然语言到另一种自然语言的语际转换，但却具有某种共同的原则。所以，在思考翻译活动问题时可以得出某种共同的认识论方面的结论，也即原语、译语及元语的符号操作问题。在重新审视以解释学、语用学及普遍的语言哲学为基础的认知可能性条件时，翻译及其解释活动经验的意义成为有意识的考察和研究对象，其首要原因是在这种考察和研究过程中，对认知主体原则性的研究方法得到实现，而这里的认知主体恰恰表现为解释主体，而非描写主体。

五、语言及语言游戏视角下的科学性知识与叙述性知识

对科学性知识（scientific knowledge）与叙述性知识（narrative knowledge）之间差异的研究推动语言与认知问题研究的新进展。

与科学性知识相对应的叙述性知识指的是以叙述形式表现并为语用学所研究的知识（生活知识）。与认识论不同的是，认知哲学涉及各种不同类型的知识和语言，因而科学性和非科学性知识便成为基本问题之一，同时在研究现代主义与后现代主义之间的联系和差异方面具有社会文化意义。

对科学性知识和叙述性知识的对比研究旨在解决“语言游戏”的一般研究方法问题。“语言游戏”现象如同“生活形式”，但“语言游戏”方法同样可以阐明语言的区别以及科学性知识和叙述性知识之间互为对立的特点。语言事实导致语用学研究的出现，其中包括“语言游戏”一说的创立及其方法的使用。首先，需要指出的是，语句的各种范畴受制于使用规则，而且必须相互关联。规则是一种规约，没有规则不成游戏，交际具有所指性、规约性、评价性、施为性等等。语言游戏理论是对交际理论的补充，尽管可能引起争议和异议。

人类的知识不仅仅是科学性知识，也不仅仅产生于具有真值标准的所指性语句，很多知识依托的是各种公正、善良、美好以及事务性和技术性评价语句，这些所谓的叙述性知识并非完全与语句形式相关，它们类似于风俗、习惯、童话、神话、谚语、俗语等等，通过叙述传达语用原则，建构社会联系。因此，叙述性知识引出大量的“语言游戏”。

科学性知识排除所有“语言游戏”的可能性（但不包括具有真值评价意义的所指性语句，因为这是一种证实性和仿造性语句），以往在语句中积累的知识随时都可能被否定或忽然推翻，而那些直接实现社会文化联系的语言游戏也排除在科学性知识之外。与叙述性知识的“瞬间性”不同的是，科学性知识具有“历时性”，一方面在记忆中存储，另一方面又需要新探索。鉴于这种区别，不能以科学性论点评判叙述性知识，也不能以叙述性观点评判科学性知识，它们的标准各异，评判将造成错误。长期以来，所谓自然科学与人文科学的划分也正是基于这种差异，这实际上也是客观性和主观性的差异，后者通过语用原则确认自身，无须寻求论据和证据。

显然，在自然科学中，思想从未知趋向已知，新知识对旧知识做出补充，而语言学旨在发展、深化、扩充已有的知识并使之系统化，这些已有的知识常常表现为混乱的未经很好整理的思想或事实，于是在经验与理论之间产生了相对性差异，这种现实材料与理论结构之间的差异导致对经验进行整理和说明的需求。当然，如果理论本身变成经验也未尝不可，只要它取得相对终结性的结果并成为新的语言学研究的原始材料。语言学总结语言发展的聚合关系，追寻并分析已经形成的各种高级和低级形式，并在言语活动主体目不可及的层面上确定其联系。因此，传统语言学的“科学性”和“理论性”在本质上常常表现为一种纯粹的语言学及历史知识的功能，具有其独自的规则和语言游戏类型，具有其区别于自然科学的惯性研究方法。然而，这并非意味着语言学不可能成为科学和客观的形式化知识。尽管语言学无论是过去还是现在，甚至在可预见的未来，都具有显著的人文科学研究的主观性特点。但也不应该忘记，在以往的自然科学研究中又何尝不存在惊人的主观性并导致许多荒谬的结论呢。语言学研究不可能杜撰语言事实，其探寻新事实的可能性远远低于自然科学，但这并不能改变语言学研究认识论与方法论不断发展的本质，何况自然科学的使命也远不仅仅局限于发现新事实而已。

半个多世纪以来，语言学家不断追求语言学研究的科学性。美国语言学家布龙菲尔德（L. Bloomfield）曾为语言的意义问题所困扰，认为语言的意义研究无法达到语言的语音和形式研究的精确程度，结果提出了所谓的“无意义语言学”（linguistics without meaning），意义被排除在科学语言学研究范围之外，意义问题成为科学语言学的薄弱环节。认知科学似乎对语言学的这一窘迫状况有所改变，传统的思维与意义问题再次成为哲学以及语言学的主要研究对象，这一问题最终还进入心理学的核心概念。乔姆斯基（N. Chomsky）转换生成语法的缺陷在于未能将句法与语义、语言能力与外部认知能力联系在一起，不过正是这一缺陷以空前的力量促使语言学界努力去填补所谓“乔姆斯基语法句法基要”所造成的语义空缺。人类思想的重要成果之一，就是通过语言使转瞬即逝的日常生活经验获得具有普遍意义的规律并将其形式化的方式，其中具有决定性意义的是“思想符号化”和“符号通识化”，没有符号化的过程，人类只能停留在经验的阶段，很难形成具有普遍意义的思想，而且也无法与别人分享。从本质上说，符号化的目的是为了更加适合思想，也是为了交流和分享思想成果。在这个意义上，符号化的程度越高，传播和交流的效率也就越高。但人类思想和心智的功能毕竟存在两个方面，一方面是人类能够解释的思想过程，包括概念、判断、推理和记忆等，另一方面则是人类迄今尚无法做出解释的心智过程，包括情感、情绪、意向及意志等等。

（原载《外语学刊》2005 年第 3 期）

语言认知理论研究中的概念现象问题

语言意义理论及认知理论研究方法是分析（анализ，analysis）还是想象（воображение，image）？

毫无疑问，语言学兼备人文科学和自然科学双重性质。作为语言物质外壳的语音和词（字）形具有自然科学的性质，语法学也逐渐从经验科学走向实证科学。那么语言意义呢？在语言哲学史上，维也纳学派代表人物如卡尔纳普（R. Carnap）等，从维特根斯坦（L. Wittgenstein）那里接过了证实原则，提出了“意义可证实原则”，但语言意义问题并未得到全面解决。

乔姆斯基（N. Chomsky）的“转换生成语法”（Transformational Generative Grammar）、蒙塔古（R. Montague）的“蒙塔古语法”（Montague Grammar）、盖兹达（G. Gazdar）及普伦（G. Pullum）等人的“广义短语结构语法”（Generalized Phrase Structure Grammar）、布雷斯南（J. Bresnan）和卡普兰（R. Kaplan）的“词汇－功能语法”（Lexical-Functional Grammar）等等都还历历在目，可如今以莱考夫（G. Lakoff）为代表的西方前沿认知科学理论及其在俄罗斯学术界的反映，再次将语言学研究从科学分析推向人文想象。

近些年来，俄罗斯哲学家、逻辑学家、语言学家、文化学家等普遍推出 концепт（与 понятие 重复并存的所谓“概念”）这一术语，试图分析其在知识、语言和文化研究中的含义和功能，在俄罗斯语言学研究领域大有成为显学之势，其影响也波及国内俄语学界。术语 концепт 的含义在直观上令人困惑。如果它完全相当于英语中的“concept”或汉语中的“概念”倒也罢了，可以解释为“концепт-понятие=индустрия-промышленность”现象。可情况并非如此。无论如何，术语 концепт 已经成为无法回避的研究对象和问题。

一、концепт 与 понятие：主观概念与客观概念

俄罗斯哲学界对术语 концепт（拉丁语 conceptus）的使用已经有几十年的历史。20 世纪 70—80 年代，帕维列尼斯（Р. И. Павиленис）将 концепт 理解为“意义”（смысл）并指出，掌握“意义”就意味着建立某种结构体系，与之相应的是，在自然语言载体（人）一定的概念系统中，认知上升为阐释，反映人类关于世界的知识及现实的认知经验。总体而言，帕维列尼斯对 концепт 的研究方法表现为探询人类对自然语言掌握和理解的可能性，也即在客观现实的概念图式建构中语言的作用，以及个性概念系统的意义。尽管帕维列尼斯的著述受到充分关注，但他的 концепт 和 концептуальная система（概念系统）并未被学界所采用，因为那个时期的俄罗斯（苏联）哲学界对这类术语并没有明显的需求，或者说这类术语仅仅被用于其他形式化意义。

20 世纪 90 年代，术语 концепт 在各种人文科学研究领域活跃起来，其内涵在历史哲学和传统哲学研究中得到本质上的充实。涅列京娜（С. С. Неретина）指出，术语 концепт 的意义在于对人类既统一又多样的认知活动的“领悟”，“具体性的完备原理”上升为对 концепт 的普遍理解，这就从本质上将 концепт 和 понятие 区分开来，首要原因是 концепт 的完整性要以与谈话对

方“心灵”的关联为前提。концепт具有极强的主观性，在“心灵空间”和交际中通过言语形成，并对记忆、想象及判断这类心灵能力实行综合；与此同时，“понятие是事物各个方面客观的、理想的统一体，与具有思想形成功能的语言的符号结构和意义结构相关，并非取决于交际”①。因此，根据涅列京娜的观点，концепт已经明确指向人类言语交际“交互性”的特殊本质。于是，哲学史上被“低估”的概念论（концептуализм，拉丁语conceptum）在方法论和术语上再度复活。

斯捷潘诺夫（Ю. С. Степанов）编撰的《俄罗斯文化词典》②对术语концепт的广泛使用发挥了根本性的推动作用，促使这一术语进入文化学及其他人文科学领域。这部词典揭示了концепт的基本内涵，超越了其个性化使用状况，赋予其综合定义方法论以发生学性质，确定其在文化学中的时空特征为最重要的相关参数。尽管历史文化学研究方法大大扩展了концепт的内涵，但语言与文化中的“概念化事物领域”（концептуализованная предметная область）又将词语、神话成分、仪式，甚至具有文化意义和象征作用的事物集中统一在“文化概念”（культурный концепт）项下。

术语концепт完全被用来研究寓于语言的外部世界概念化问题。著名语言学家维日彼茨卡娅（А. Вежбицкая）在研究元语言和民族语法学（этнограмматика）并运用文化心理学、认知科学等交叉学科理论时，认为无法以自然语言描写“世界的本来存在”（мир как он есть），因为自然语言勾画的是其特有的世界图式，自然语言的所有意义都具有主观性（субъективность）、人类中心性（антропоцентричность）和民族中心性（этноцентрич-

① С. Неретина, Тропы и концепты, М., ИФ РАН, 1999, с. 29.
② Константы, Словарь русской культуры, М., Языки русской культуры, 1997.

ность)。维日彼茨卡对一些具有民族特征的概念进行对比，认为各种外部世界的概念化现象都寓于语言，反映的不仅仅是自然条件或文化特征，而且还有民族性格特征，比如俄语中表示情感意义的语义场就被组织得十分详细。根据维日彼茨卡的思想，科尔尼洛夫（О. А. Корнилов）提出了自己对“世界科学图式”（научная картина мира，简称 НКМ）与“世界语言图式”（языковая картина мира，简称 ЯКМ）[①]关系的理解，原则上区分了客体和主体反映的差异，提出了外部世界反射与真实世界存在的关联特点。值得思考的是，“世界科学图式”概念总是追求与客观世界相吻合，而“世界语言图式”概念则并不追求与客观世界的同一性，只是与之部分吻合，并借助于神话和主观评价先行构建反射的世界。所以，“世界科学图式”总是小于客观世界，而“世界语言图式”则总是大于客观世界。某一民族 концепт 的总和构成了该民族语言的“世界语言图式”，这些 концепт 的原型就是该民族塑造的世界形象，从而形成一个新的 концепт:“世界民族语言图式”（национальная языковая картина мира）[②]。

在认知心理学中，концепт 被认为是对客体及其在语义网络中构成状况的认识，这种认识借助于“述谓—题元”结构表达，并成为言语交际过程中知识表达的普遍形式。концепт 的本质性功能就在于范畴化，范畴化的途径则是区分类别并对这些类别的关系进行确定。在这一问题上存在很多观点，也产生了各种理念，其中经典理论是以特征总和来确定类别并提出 концепт，而 концепт 又根据特征的数量和意义提出层级，在这种情况下，人

---

① “世界图式理论”是著名语言哲学家维特根斯坦所著《逻辑哲学论》（1919）对语言本质基本思考的总结，提出命题是事态的图像，“一个命题是一个事态的描述”；“图式论”的基本构想是语言与世界相对应。有人一直误认为“世界图画”或“世界图景”是俄罗斯当代某个学者提出的新理论。

② О. Корнилов, Языковые картины мира как отражения национальных менталитетов, Автореферат дисс. на соискание... доктора культурологических наук, М., 2000, с.5-9.

类头脑中存储的知识可以通过语义网络表达出来。然而，针对由术语表达特征的自然范畴而言，提出精确定义的可能性实际上几乎不存在，于是转向典型理论和原型理论，其思想基础就是维特根斯坦所谓的“家族相似论”。这两种方法都有不完善之处。концепт 仅仅用于表示事物显然是不够的，“情境”、“事件”以及“行为”等表示有必要纳入 концепт。

在认知科学中，концепт 成为表示心智资源单位和信息结构单位的术语，反映的是人类的认知和经验。这是一些有效的、内涵丰富的人类记忆、知识、心理、世界语言图式的单位，这是一些认识“量子”，出现在关于客观世界的信息建构和想象之中，是主观经验的加工形式，是存储和传达信息的单位，同时随着认识水平的不断提高也在不断地灵活改变。全人类普遍的 концепт 以特殊的方式被归入各种类别，并表现在各个不同民族语言之中。库勃里亚科娃（Е. С. Кубрякова）、捷米扬科夫（В. З. Демьянков）、潘克拉茨（Ю. Г. Панкрац）和卢津娜（Л. Г. Лузина）编撰的《简明认知术语词典》(《Краткий словарь когнитивных терминов》, М., 1996，俄罗斯最早出版的认知术语词典之一）就收入了 концепт 一词。

二、哲学语境中的 концепт

концепт 在各种文献中都得到一定程度上的阐释，如今这一术语在知识的各个领域中变得越来越有意义。同时也显而易见，各种研究者赋予 концепт 的意义不尽相同。因此有必要从认知哲学，特别是解释学（hermeneutics）、现象学（phenomenology）角度对 концепт 做出某些说明。

解释学是西方哲学、宗教学、历史学、语言学、心理学、社会学以及文艺理论中有关意义、理解和解释等问题的哲学体系、方法论或技术性规则的统称。现代解释学的开创者为20世纪德国哲学家海德格尔（M. Heidegger），他把传统解释学从方法论和认识论性质的研究转变为本体论性质的研究，从而使解释学由人文科学的方法论转变为一种哲学，并发展成为哲学解释学。现象学创始者为德国哲学家胡塞尔（E. Husserl），他赋予“现象”的特殊含义是人类意识的种种经验性“本质”，研究方法是通过“直接的认识”描述现象。

哲学意义上的解释学需要揭示诸如“先验知识”“先验理解”等特殊术语的意义，这些术语的特点首先在于它们并非是逻辑上得到确定和“成熟”的概念，但表达的却是“心灵空间”中的先验直觉状态，先于认识、理解和理性等纯粹逻辑形式而存在。与此相当类似的还有其他一些尚未“定型”的解释学术语，其中包括“传统”“生命”“经验”等等。这并非是术语系统完善与否的问题，而是明确揭示某些现象的必要性问题，并且还不能弱化概念的严格逻辑形式。这更是认知的本质性问题，表现为意义的形象—多相要素复杂的结构组织形式。在解释学语境中揭示这些本质性问题有助于进一步认识 концепт 及其结构，并发现这一现象各种不同的表现形式。

对 концепт 的结构进行揭示可以考虑这样一个思路：1. 将 концепт 结构与经验（опыт）建构相关联；2. 实施结构要素反射方法，使这些结构要素在转向纯粹观念的过程中得到“净化”，也即以“反证”的方式揭示 концепт 的结构，这也是因循笛卡儿（R. Descartes）方法论和胡塞尔现象学简化法；3. 直接将 концепт 与 понятие 进行对比。使 концепт 结构与经验建构关联乃至吻合无疑是一个引起争议的问题，但必须得到研究，因为任何一种 концепт 都在某种程度上植根于经验之中。“经验”这一概念具有多义性，定义不清，在各种不同的学科中都是一个独立研究的问题。然而，可以断定这样一个事实，“经验”概念在“理论化”及传统认知理论框架内已经完全简化，几乎与极其抽象化的“主体”“客体”“真理”范畴一样。

解释学对经验的理解基于科学以外的其他原则。经验不可能是终结认识，不可能不发生变化，否则便有悖于经验的本质。经验的本质在于它总是具有开放性，不断得到充实和更新，无人可以摆脱经验。这些都是一般经验的普遍特征。解释学意义上的经验还具有另外一些补充特征。人类通过语言与传统对话，而传统正是一个真正的交际对象，此时经验的总体结构要素经历着变化，因为类似的经验是一种精神现象，就如同依靠经验获得的认识一样，也即对其他人或事物的理解。当然，也可以根据加达默尔（H. Gadamer）的观点将传统转化为事物对象，从而独立于传统，排除传统中所有的主观因素，以严格的自然科学方法论行事。不过，失去个性因素的经验便不再是解释学意义上的经验。

范畴化经典理论本质上基于逻辑前提，也即世界上存在的各种范畴及其界定并非取决于人类及其特征，而是对抽象象征符号的机械操作。范畴化现代理论以及所谓的“原型理论”认为，基于人类特征的范畴化心智过程在最本质的程度上依赖于人类的经验和想象：一方面是认知和文化特征，另一方面是隐喻、换喻和心智形象性特征[①]。人类思维在很大程度上取决于上述因素，不可能将人类思维仅仅视为对抽象象征符号的单纯操作，尽管在某些特定领域内这种纯粹的抽象操作是完全必要的。

范畴化思维的改变导致对世界和科学严格性想象的改变，使人类思维研究的前景变得更加广阔。西方 2000 多年来的大多数

① Дж. Лакофф, Когнитивное моделирование, язык и интеллект, М., Прогресс, 1996, с.147.

概念如今都在被重新审视，代之以更精确也更“人性化”的概念，这些概念的部分基础就在于范畴特征是人类生物特征及其物质和社会活动经验的反映。莱考夫强调指出：“理性思维在很大程度上依赖隐喻模式。对理性的任何相应研究方法都需要运用想象，而想象与隐喻推理不可分割。”①

欧洲哲学乃至整个人文科学研究倾向都具有明显的唯理性特点，旨在建立理想化和标准化的自然科学认知理论，这种倾向的基础是由基本认知经验性的 концепт 向理性思维的抽象 понятие 过渡，首先表现为“主体”“客体”“经验”“真理”范畴。在由 концепт 向 понятие 进化的过程中，“主体”及“意识”等范畴越来越现实化，其抽象性问题也越来越突出，人类现实而生动的认知过程达到很高的抽象化程度。如何将抽象概念模式与人类具体而现实的认知活动相联系？为了寻找这一问题的答案，就要考查 концепт 所具有的非 понятие 性质的、经验性的情感因素以及历史、价值观（包括伦理、审美）参数，并且使日常生活想象性质的 концепт 进入唯理哲学中的“主体”范畴。唯理主义（论）奠基者笛卡儿的思想过程就是从现实思考和认知转向经验主体、之后又转向“我思故我在”（cogito ergo sum），他运用抽象的方法使“主体”成为一个具有丰富内涵的范畴，并从整体上将“主体—客体”研究方法用于形而上学。笛卡儿的理论是“世界变为图式”与“人变为主体”这两个深层过程交汇的前提和基础，这就实现了所谓“人文化”（人文阐释）向哲学和科学的转化，从本质上改变了“认知的人”这一 концепт 的内容，代之以抽象的 понятие“主体”。胡塞尔则进入一个全新的判断层面，提出新的“元科学”思想和原则，将传统认知理论中的所有 концепт 予

① Дж. Лакофф, Когнитивное моделирование, язык и интеллект, М., Прогресс, 1996, с.147.

以简化。在纯粹现象学方法论问题的研究上，胡塞尔并没有使用концепт这一术语，因为концепт没有得到明确定义，并非是严密的逻辑概念，具有多层面的结构，但胡塞尔对концепт却予以关注，现象学研究也需要“自由的幻想”，而“演义”或“虚构”也是现象学“生活本性”的组成部分，意识流现象未必像某些数学本质那样，“浇铸”在严密的понятие之中。所以，胡塞尔遭遇的是концепт与понятие、描写与定义、演义与现实问题，重新发现了“在意识和现实之间确实显现着意义的鸿沟”[①]。

显然，笛卡儿和胡塞尔在从“经验主体”转向“先验自我（ego）”过程中的研究思想无疑对哲学具有基础性意义，但对现代哲学的重大“反证”意义却表现为无法“根除”концепт现象并代之以逻辑上严密的понятие，似乎концепт与понятие在哲学推论上具有并行互补的共存关系。逻辑上严密而单纯的понятие必不可少，但понятие无法解决哲学领域中关于人类及其认知活动的大量问题，当哲学涉及语言等精神文化学科时更是如此。

俄罗斯唯心主义哲学家施佩特（Г. Г. Шпет）对концепт与понятие的关系问题自有一番理解，他将концепт用作特别严格的понятие。他认为，当逻辑学穷尽其“属”概念与“种”概念之间关系的分析时，就会出现一定的误解，这种误解必须消除。在人类思想特征和行为出现“物化”趋势的背景下，心理学、历史学等研究对象随之成为逻辑演算对象，逻辑学面临一系列无法解决的问题，逻辑判断也不可能再局限于不具有主观意识和人类活动的所谓“客观事物”，于是出现某些“空白形式”（пустая форма），其特征和规律并非取决于对象意义，“空白”之处可以

① Э. Гуссерль, Идеи к чистой феноменологии и феноменологической философии, М., Академический Проект, 1994, с. 11.

填充任何内容。这种“纯粹的外在形式”，或者意指“容量关系”的 понятие，被施佩特称为 концепт，其相应的术语关系被称为“概念关系”（концептуальные отношения），而“属”“种”“类”则被称为“概念范畴”（концептуальные категории）[①]。对于施佩特而言，他所需要的 концепт 是一种逻辑形式，在这一高度抽象化逻辑形式中，концепт 与 понятие 的差异并非有意识地被予以关注，但却也总是被予以考虑。

如今，语言学和逻辑学仍在探索各种无法形式化的人类因素、特征以及与客观事物的差异，同时也不仅仅旨在降低抽象化程度和扩展理性空间，而且还涉及逻辑—语义分析的实证经验问题。在哲学语境中考查 концепт 的普遍理论特征和具体现实特征，有助于了解 концепт 在语言学领域中被积极引入并迅速活跃的现象，концепт 与 понятие 的并行使用实际上反映的是理性模式进一步发展和理性概念内容进一步扩展的时代特征。концепт 的结构表现为多层面的“综合”性，它对于哲学推论、认知活动阐释、交际关系理解以及历史文化参数分析都具有重要意义。语言学作为哲学研究的本体性和认知性基础，将极大改变整个知识理论以及人类认知活动理论。

语言哲学家在研究比较语言学理论与认知理论的关联时，首先试图阐明洪堡特对康德（I. Kant）认识论的态度问题。与康德相同的是，洪堡特从外部现象转向人类思维和认知的内部和深层，致力于克服语言学理论中的“幼稚现实主义”，这意味着主要问题不在于经验材料中的事物，而在于阐明该事物转化为意识和认知对象的条件和途径。然而，康德创立的批判哲学存在“断层”问题，没有给予语言以重要的地位，语言成为边缘现象；康

① Г. Шпет, Язык и смысл. Внутренняя форма слова. Этюды и вариации на темы Гумбольдта, Иваново, АФИ, 1999, с. 284-285.

德的哲学体系包括逻辑学、伦理学和美学，但不包括语言学。语言是理性的工具，是人类联系的纽带，是文化及精神研究的新领域，人类理性的批判离不开人类语言的批判。洪堡特考察了康德的思想及语言学问题，以哲学思维的严格方法论对其进行综合，认为主观活动创造了思维中的对象（客体），这一对象的构成并非是对现实事物的纯粹接受，而是感官与精神活动内部过程相互作用的结果，由此产生的意象被重新理解为对象，之后又重新返回到主体范围。意象在客体化过程中并非与主体脱离，其全部过程只有通过语言才可能实现。没有客体化过程以及主体反向过程，概念将不可能形成，思维也不可能进行，因为上述过程只有借助于语言才得以实现，语言是思维的必要前提。

认知概念具有精确表示的必要性，但这种精确表示的可能性却取决于人类心智活动是否有可能精确表示。概念现象和问题的再次提出，表明认知哲学和认知语言学不再是极端抽象的研究领域，不再单一地涉及严格的科学知识，特别是自然科学知识，在人文和社会科学领域中，甚至像情感、意志、信仰这类个性化和想象化的知识也应该成为其研究对象。

（原载《外语学刊》2004 年第 4 期）

哲学语境中语言认知的规约性与交际性问题

人类认知活动基于其存在形式和相互交际，人类认知活动实际上就是交际活动。个性化的认知主体可能具有其不同标准和规范的认知系统，但最终都将进入人类作为共同认知主体的认知系统，成为个性化认知主体融入群体化认知主体的必要条件。人际交往并非仅仅表现于外部形式，而是涉及人类本质的深层结构。人类在交际活动中相互影响，发生变化，对话成为人类认知能力发展的驱动形式，同时也成为人类认知活动的重要研究对象。

一、人类认知活动的规约性问题和意义

交际活动充分表现了认知活动的社会特性，交际活动逐渐演化并形成各种认知主体间性关系，表现为人与人之间正式或非正式的口笔语交际联系。交际活动调整、改变并强化人类社会的价值取向、思维范式的更替，最终显现的是人类社会整体历史文化关系，同时也促进了人类认知结构的形成。

认知的交际性一直是哲学领域中最重要的研究课题之一，涉及基于语言符号系统的认知主体间性的规则和契约关系等。但传统的语言哲学认识论主要研究语言的科学逻辑和语义参数，一方面解决了一些语言基本意义特征，另一方面却又无法全面揭示社

会交际本质的认识论特征，同时也忽略了日常语言自然产生且模糊不清的认知问题。

社会性日常语言认知活动问题涉及面很广，需要致力于理解自然事实与社会规范的关系。早在古希腊哲学中就有对自然法则和社会规约的区分。问题的复杂性在于，与自然法则不同的是，社会规约并非永恒不变，人类本身制定了这些规约，也只有人类自己才能对其进行改变甚至撤销。社会规约的制定是一种事实，但社会规约本身却并非事实，社会规约成为一种契约，从确认事实的语句中不可能提取确认规约的语句，社会规约具有人为特征，“并非自主构成，而是人类可以对其进行评价和改变的东西，也即对其承担道义的东西”[①]。自然界中不存在什么社会规约，社会规约是人造的，人是衡量一切事物的尺度。

需要指出的是，并非所有所谓的“社会性法则”都具有人为约定的性质，比如经济发展规律以及社会制度功能等，就与自然法则类似，只是经济规律的遵循和社会制度的执行在很大程度上要依赖于社会规范，就如同汽车发动机一样，不仅仅按照机械原理工作，而且还要按照人为的操作章程工作。对此要注意避免一元论观点，不能简单地将规范归入事实，而要坚持批判性的二元论观点，审视人类制定的社会规约与独立于人类的自然法则之间的差异，在与人类发生关系的现象和事实中探索自然法则与社会规约相互结合和相互作用的情况。无论认知心理学还是进化认识论，在解读和认知社会规约本质问题上都需要基于这样一种研究方法论。

社会实证主义将自然现象与社会现象同一化，以便运用自然科学认知范式研究社会现象问题，由此产生了两种基础性前提，

① К. Поппер, Открытое общество и его враги, Чарты Платона, М., Феникс, 1992, т.1, с. 99.

其一是在社会学研究中自然科学分析方法的适用性，其二是基于经验理论体系的社会现象预见性。这一观点遭到社会现象学观点的否定，后者指出前者误解了社会现象的本质。首先，“自然界并不具有内部的意义结构”，意义是人类在自然界中解释的结果，“自然科学的认知特点并不仅仅归结于所使用的研究规则，更多的是依据科学家与自然界深刻的认同，研究规则指向这一认同，同时也与自然界相适应”[①]。

与自然界不同的是，社会是意义构成的产物，是人类活动的产物，与人类密不可分。人类建立社会组织结构，其“外在化”（externalism）和“客观化”（objectivity）在很大程度上依赖语言得以实现。作为世界的组成部分及存在形式之一，社会需要得到人类的承认，否则必然不复存在；社会形式只有被人类认为是“现实的”，它才是现实的，而且是“大量现实的集合体”，“因此，社会性世界建立在人类对某些意义的接受和信仰基础之上，社会个体（人）使用这些意义，将其作为解释和说明社会现象（事件、行为、情境等等）的普遍模式……”[②] 在这一话语中，社会结构就被理解为“基于解释普遍模式”的“社会结构想象”，因而要求摆脱对现实世界的信仰，拒绝所谓的“自然取向”。这一观点不仅实证主义者不能接受，而且几乎所有的现实主义者都无法接受，因为整个社会性世界具有人为和信仰的特征，其构成完全是准则和规约的结果，不包含客观法则及标准。

现象学方法论有助于阐明朴素现实主义的一系列误区，同时认可各种规约和契约的意义作用。比如，自然界的事实性常常得到科学的认可，这当中就存在着协议、规约和信仰的成分，因

① Д. Уолш, Социология и социальный мир, новые направления в социологической теории, Гл. 2, М., Прогресс, 1978, с. 50.

② Д. Уолш, Социология и социальный мир, новые направления в социологической теории, Гл. 2, М., Прогресс, 1978, с. 50.

为对自然界事实性的认识需要科学家们形成某种研究范式，也即科学家之间的规约，范式发生变化，认识也将随之发生变化。作为人类活动、阐释、规约和契约的结果，社会秩序逐渐被认为是“自然性的”、“永恒的”、不言而喻的东西。在认可人类以各种不同形式以及在各种不同程度上实现相互理解和达成契约的同时，社会现象学并非从形式上的严格规则视角去解释社会行为，因为“任何时候行为都不仅仅是形式规则的结果，规则只有通过对社会情境意义的常态解释并在日常生活语境中得以实现”[①]。

现象学指出，在社会学尚未出现之前，人们就借助于“日常生活构成物”并以一定的方式去建构对世界的认识，从而确定人们在文化和自然界中的行为方式和目的。社会性世界是日常性世界，是意义性世界，人类时刻都在感受该世界并不断对其做出解释。当然，在对社会性世界的社会学解释和日常解释之间应该划分明确的界限，这就引发出针对不同种类的规约或现象的社会学认知和日常认知问题。作为现实形式之一，社会日常生活具有某种认知性质，表现为对生活的高度意识和关注，不倾向于排斥对客观现实世界的信仰，而是排斥对客观现实世界存在的怀疑，并以特殊的方式去感受外在的“客体间性”（interobjectivity）和内在的“主体间性”（intersubjectivity）。日常性思维最重要的特征之一就是“类型化”，也即创建“类型构成体系”。对世界的任何解释都是基于已有的知识，包括以往和当前的、群体的和个体的经验。现存的各种知识在初始阶段都是类型性知识。生活世界“前逻辑性经验”[②]的发生借助于生活世界的类型化，呈现给人类的世界并非是感官材料的汇总，但却是个性化和特性事物的集合，人类视觉所见并非是色斑和轮廓，而是山峦、树木、动

① Д. Уолш, Социология и социальный мир, новые направления в социологической теории, Гл. 2, М., Прогресс, 1978, с. 58.

② 胡塞尔语。——本文作者注

物……人类主体对类型结构的选择取决于客体所具有的主题关联，这类话语恰恰就是最基本的日常生活思维的逻辑推论[①]。而在日常生活思维结构中，人类并非仅仅单纯地感知一切客体，同时也在实现社会性世界结构的类型化，具体表现为人类的生活方式以及与环境的互动方式。所以，人类所达到的相互理解的途径，就在于建构基于个性主体意向的自身行为方式的类型[②]。

人类日常生活和思维中的交际互动依赖的是一系列类型化的"日常生活构成物"，其中包括可以预期的他人行为的构成物，等等。毫无疑问，在任何情况下，这种清晰或模糊的，甚至无意识的规约和契约的构成物都发生作用，因为这都是社会性和日常性知识的基本特征。日常语言表现为大量的事物和事件称名，并已建构为类型。

与行为模式相关的习俗、传统及道德等，可以被视为日常生活中的规约这一概念，并很难进行严格的科学定义，因为这涉及的是人类学中的问题，包括心理、习惯以及"文化定式"等因素。社会规约具有很强的默契性，"某种习俗的功能越具有象征性和间接性，这种习俗就越自然地被称为规约"[③]。人类行为的社会化方式与社会的政治结构、礼节、宗教等庞大的意义体系相结合，其中语言占据着独特的地位。在社会性世界的各种存在形式中，规约的存在不仅势在必然，而且还具有最重要的交际—认知功能。

语言的规约性本质已经得到普遍承认，"我们从小就习得语音、词汇、语法形式、句法结构以及其他语言形式，它们所具有的一定意义都是社会默认的结果，认为它们是客观对应物的象

---

① А. Шюц, Некоторые структуры жизненного мира, Философия языка и семиотика, Иваново, АФИ, 1995, с. 222-223.

② А. Шюц, Структура повседневного мышления, Социол. Исслед.1988, № 1, с. 123-133.

③ Э. Сепир, Избранные труды по языкознанию и культурологии, М., Прогресс, 1993, с. 575.

征。因此，语言是研究社会文化行为整体趋向的非常便捷的领域……”[①] 这就说明作为社会文化性默契，规约首先通过语言渗透到人类所有的认知活动，包括科学认知活动和日常认知活动，同时反过来又将规约因素带入认知活动。这种认识论并非将自然语言的本质视为特定的概念系统，而是将其视为概念系统建构和想象的途径。同时，“由于自然语言的操作功能，各种个体概念系统才得以转向某一社会群体公认的社会、文化、美学及其他价值观，转向具有社会意义的、规约的‘世界图式’，成为语言操作者社会性交际的必要条件。”[②]

各种社会规约与语言认知行为具有直接的联系，言语行为与言语行为之间存在着一定的意义指向和意义关系，也即对某一其他言语行为的期待，言语行为主体首先依据规约确定这种期待，并由于这一规约而充满期待的理由。当然，日常生活变化无常，情境复杂，在规约性思维中，人类的现实行为可能因多种意向而相互矛盾，但毕竟保存的还有其经验“意义”。

在社会性契约中，存在着一系列相近但不相同的概念，包括观念共性、语言共性、显性的合法约定、隐性的默认约定，等等。观念共性实际上是一种行为共性，指的是一部分人的行为与另一部分人的行为具有意义关联，但不是彼此模仿，也不是同类行为；语言共性可以理解为思维类型现象，也即所谓的“理性现象”，在认知活动中具有特殊意义，旨在期待他人对一定行为预设意义的理解。而显性约定与隐性约定之间则存在着大量的过渡现象[③]。需要指出的是，上述概念有别于专门的社会学概念（比如“等级规

① Э. Сепир, Избранные труды по языкознанию и культурологии, М, Проiресс, 1933, с. 600.

② Р. Павиленис, Проблема смысла. Современный логико-философский анализ языка, М., Мысль, 1983, с. 116.

③ М. Вебер, О некоторых категориях понимающей социологии, М., Мысль, 1990. с. 509-510.

约性”等），在研究作为社会交际行为的认知活动中具有普遍意义。至于唯理主义的“技术性”准则转化为经验性研究对象的问题，可以解释为该对象变成“行为的习惯性准则”，也即在某一社会共同体（甚至科学共同体）中被认同为是“正确的”和“必然的”东西。经验主义认识论视角下研究的所谓“内省”对象已经完全不取决于客观事实，“……逻辑和数学真值的规范意义因此成为所有经验科学无条件的先验现实”[①]。

唯理主义思想家一般认为其在解决某一问题时具有规范的正确性，具有客观意义。然而，就所谓“规范的正确性”理解方式的功能而言，本质上仍无法区别于对情感和非理性联系的纯粹的心理移情。理解或解释方式常常并非是什么“规范的正确性”，在多数情况下都是规约性习惯。再就是理解者或解释者的判断能力问题，如果偏离其习惯的理解或解释方式，那么“规范的正确性”也就成为“规范的不正确性”了。误读或误判对于人类而言非常普遍，人类认同的“规范的正确性”通常并非是真正的“规范的正确性”，而恰恰是“最通俗易懂的规约性类型”而已。所以，正确性与规约性、理性与非理性在人类思想中同构共存，人类通常以习惯、直觉和个人观点判断是非。

二、人类认知活动的经验性问题和意义

规约问题曾经引起过卡尔纳普（R. Carnap）、奎因（W. Quine）等语言哲学家的讨论，并对其做出过各种评价。在科学的逻辑方法论方面，规约问题通常与理论或假说的选择相关。然而，无论是逻辑实证主义还是朴素现实主义的观点，都无法正确

① М. Вебер, О некоторых категориях понимающей социологии, М., Мысль, 1990. с. 591.

地评价认知活动中的规约问题。经验不仅仅为人类提供选择的机会，而且还指导人类，帮助人类选择“最佳途径”。如今，作为以往逻辑方法论意义上的规约问题再度被关注，再度被重新审视。作为交际活动的认知性结果和主体间性的必然现象，规约问题也应该被纳入人文社会科学认知研究领域。

对人类认知活动和结果发生影响的是以一定的客观化系统呈现的知识表象（经验类型），也即交际形式或文本。在人类认知活动中，最重要的和显而易见的规约是语言符号系统，包括自然语言、人工语言以及其他的一些逻辑符号系统。这些语言符号系统并非是独立的实体，并非自行将世界类型化并强加于人类，而是历史形成的并基于规约的结构体，具有客观性前提，反映人类的社会文化经验，服务于人类的认知活动和交际活动。

与自然科学相同的是，在人文社会科学中也广泛提出了规约的各种形式，诸如语言符号形式、逻辑规则、检验方式和单位、认知标准，等等。但与自然科学不同的是，在自然科学知识中，对检测单位的选择在大多数情况下都是枯燥乏味的常规性约定，而在社会性认知中，规约则成为特性量化的难题。比如，在具体的社会学研究中，社会属性、人们的见解等特性并没有确切的检测标准，其中包含的只是规约性因素以及所涉及对象的特性分类，等等。规约形成的重要因素还有世界观原则，在语言研究中表现为析取文本特性单位的基本方法。在经验社会学中，大量使用的是以经验材料为基础的规约性研究方法，也即对各种现行的规约进行审视。需要指出的是，在理论结构要素向经验材料转化的过程中，由于没有形成相关的概念机制，在很大程度上导致规约出现确定性与非确定性问题。人文社会科学的特点和问题很难量化处理，很难使用数学方法，很难进行实验检测，特别是很难设计计算模型。计算语言学证明，语言学家遭遇的主要困难之一是不具备将语言学基础理论准确运用于对具体语言材料进行应用研究的方法机制。由于难以将相关语言学理论付诸实践，导致语言学家“被迫依赖多个常常相互排斥的假说。在这种情况下，那些不自相矛盾并符合完整和简化标准的理论才能更好地表现出优势”[①]。

在这一话语中，规约问题显然就是假说（理论）的选择问题，其标准就是形式上的真值。几十年前，人们试图以乔姆斯基（N. Chomsky）转换生成语法的深层结构为基础实现机器翻译，但历经挫折后才发现，“转换分析方法”（Transformational analysis）与机器翻译并无关系。计算语言学的情况同样如此，无条件依据“有声语言表现为离散性音素集合”的假说，试图实现人类话语的自动识别和理解。然而，连贯话语识别系统设计上的失败表明，这一假说没有反映音素最重要的特性，使得计算语言学转向音素的规约特性。所以，如果不考虑假说以及概念、检测单位和方法的规约性选择，将不可能在语言科学乃至人文科学中使用自然科学的探索方法；在将语言学理论应用于经验性语料的过程中，如果缺乏概念和操作机制，或者该机制不完善，直接检测和实验假说的可能性也将不可能存在。必须随时对假说的理据进行内省，明示和审视进入假说的各种清晰的或模糊的规约，有意识地克服将规约内容无条件本体化（ontologized）的倾向。

规约反映的是人类认知活动的交际性。“尽管个体可以发现新真理，发展新概念，但这最终还是群体的事情……”[②] 只有在社会群体认同的情况下，个体提出的科学概念、假说和方法才能够成立并确定其地位。

规约实际上是一种经验科学的游戏规则，并支配语言学原理

① Р. Пиотровский, Лингвистические уроки машинного перевода, ВЯ, 1985, № 4, с. 18.

② См. Тулмин, Человеческое понимание, М., Прогресс, 1984, с. 208.

的变化，认知活动的交际特性也因此得到承认。在语言认知的交际性话语中，语言学面临科学性挑战。人类的知识不可能都是科学性知识，人类语言中也不可能都充斥着具有真值标准的所指性语句，隐性的世界想象（世界图式）、文化、传统、心智等主体范畴中的重要因素，以及语用原则和社会联系引发大量的“语言游戏”，这些“语言游戏”表现的是最普遍的认知活动的交际特性问题。尽管语言学具有区别于自然科学的惯性研究方法，其“科学性”和“理论性”在本质上也常常表现为某种纯粹的语言学知识及历史知识的功能，但这并非意味着语言学不可能成为科学和客观的形式化知识，问题是如何科学地解决各种大量的显性和隐性的社会—心理规约问题。可以说，语言学理论及应用研究远无止境。

（原载《外语学刊》2006 年第 1 期）

自然语言语义结构问题的哲学分析

一、基于语言哲学理论的语义范畴问题

以语言哲学为视角分析语言意义，可以划分出语言意义的四个基本定义：1. 意义是世界；2. 意义是事实；3. 意义是事物；4. 意义是用法。所谓“意义是世界”模式表现为语句的“主体一述谓”（субъект-предикат）结构，具有普遍性；所谓“意义是事实”模式表现为语句的“谓词一谓项”（предикат-аргумент）结构，具有情境性；所谓“意义是事物”模式表现为词汇的指称性；所谓“意义是用法”模式表现为言语单位（语句）的交际性[①]。

在语言意义问题研究的各个历史阶段，这四个基本模式或范畴依次出现，各有侧重，并彼此补充，相互交叉。总体上看，“意义是世界”和“意义是事物”是在古希腊时期（亚里士多德）产生的经典范畴，而“意义是事实”和“意义是用法”则是在20世纪（维特根斯坦）明确形成的相对较新的范畴。然而，尽管“意义是世界”产生于古老的哲学思想，但这一范畴至今并未完全形成。

从历史发展情况看，语言哲学可以划分出3种形式：1. 语义形式的语言哲学，也即所谓的“名称哲学”，分析语言名称与世

① В. Юрченко, Философия языка и философия языкознания. Лингвофилософские очерки, М., КомКнига, 2005, с. 47.

界的关系，揭示语言的指称功能（“意义是事物”）；2. 句法形式的语言哲学，或可称为“述谓哲学”，其核心是命题和判断中的事实，并以句法形式反映语言表达与语言世界观之间的联系（“意义是事实”）；3. 语用形式的语言哲学，或可称为“自我中心词哲学”，将语言与言语主体相联系，强调语言逻辑分析中的主观因素（“意义是用法”）[①]。上述三种形式的语言哲学并未包含“意义是世界”模式或范畴。

一般认为，人类语言与客观现实联系的直接实现方式是指称过程中的言语表达，但这只是语言进入超语言现实的“终点”，此时的客观现实可以进行逻辑和语言上的分解；而“起点”恰恰是思维和语言深层结构形成的初始阶段，此时的客观现实不可以进行逻辑和语言上的分解。遗憾的是，语言的“起点”至今还未得到理论上的审视和研究，因而当代语言学乃至语义学始终缺少某种必要的基础。言语行为理论本身（“意义是用法”）也无法成为这一基础。

20 世纪以来，人类自然语言的研究得到了迅速发展，语言哲学对此发挥了决定性和先导性作用，不断提出了新概念、新范畴，强化了语言学理论研究的创新思维。当下的语言意义认知研究趋势促使语言学界必须解决语言意义范畴研究的基础性问题，将语言意义的各种基本范畴在予以区分的同时，还要予以综合，从而形成语言意义理论研究的整体论框架。

二、人类语言意识中的事物和特征问题

在人类语言意识的形成过程中，客观世界裂变为“事物”和

① Ю. Степанов, В. Демьянков, Философия языка. Современная западная философия языка, М., Высш. шк., 1991, с. 345.

“特征”这两个相互关联的理性要素。“事物”表现为唯一性，“特征”表现为无限性。不过，在语言意识形成的初级阶段，事物的现实和隐性特征往往被高度概括为某一抽象的特征，可以称为“普遍特征”。所以，人类语言意识对客观世界的最初划分就表现为“事物—普遍特征”模式。神经生理学研究表明，人脑既有认知事物的细胞，也有认知特征的细胞，这种大脑功能上的非对称性恰恰可能与人类语言对客观世界的“事物”和“特征”划分有关：右侧大脑半球负责具体事物的认知，左侧大脑半球负责抽象特征的认知。当母亲将一个颜色艳丽的玩具放到新生儿眼前时，可以唤起新生儿离散性的“事物—特征”意识，这也是语言习得的初级阶段。

显然，客观现实的“事物—特征离散化”是人类语言意识的天性。因为人类语言意识系统直接涉及言语交际系统，所以人类语言意识的结构是一种深层上的“主体—述谓”结构：“事物—（潜在）主体—普遍特征—（潜在）述谓”。这一结构的经验基础得到最基本的语言事实的确认，也即语句的基本构成划分为两部分，并在语句形式上表现出来，主语部分表示事物（潜在主体），谓语部分表示普遍特征（潜在述谓）。所以，语言意识的“事物—特征离散化”结构成为语句双部性的语义阐释方式和结果。需要指出的是，目前的语言学研究并没有考虑到语句双部性是语言的本体事实，并没有将这一本体事实纳入语言学理论的建构中。乔姆斯基的转换生成语法尽管将语句划分为名词短语部分和动词短语部分，但提出的仅仅是纯粹的语句生成形式，并没有做出任何结构—语义阐释。

现代语言学所采用“谓词—谓项”的数理逻辑研究方法逐渐取代了“主体—述谓”的传统阐释方法，从而将语句结构转化为命题功能。在这种情况下，语句的最高形式被认为是谓词态度，并将其他题元联系在一起，这似乎否定了语句“主体—述谓”的双部性结构。事实上“谓词—谓项”结构并非否定了“主体—述谓”结构，而是两者具有复杂的互动关系。“谓词—谓项”结构（或者称为命题功能）实际上是语句“主体—述谓”双部性结构的剥离形式。通过分析语言思维和言语交际系统可以发现，二者具有内在的关系，与其对应的潜在事物和特征的形式就是“主题”（тема，theme，topic）和“述题”（рема，rheme，comment）。语句形式结构的“主体—述谓”划分具有认识论和心理学特点，而语句深层结构的“事物—普遍特征”划分则具有本体论和逻辑学特点。

理论语言学需要依托基本概念和原则去面对语言学研究的基本目标，并采取整合研究方法。现代语言学并不缺乏基本概念，甚至也不存在模糊不清的概念，问题是这些大量的基本概念并没有被普遍地精确使用，不严谨且飘忽不定，其中就包括“事物—特征”概念。“事物—特征”概念的确定需要抽象化过程，并将语言学中广泛存在的诸如“主体”“客体”“述谓”等实体性概念和特征性概念简化为“一般事物”和“普遍特征”，两者相互关联，构成两个十分清晰的公理：1. 在相互关联的结构体中，“事物”是核心要素，“特征”是边缘要素；2. 原则上个别情况下的“事物”只有一个，其显性和隐性“特征”则无穷无尽。“事物—特征”的这种抽象化和简化定义符合语言语义结构以现实时间为轴心实现线性和单向的发展，并具有“先验性”。

对于语言语义结构的线性本质而言，可以采取多种研究方法：1. 以“事物—普遍特征”的基本概念为基础，通过揭示语句形式逻辑结构实施的演绎性研究方法；2. 通过分析自然语言与现实时间关系实施的本体论研究方法；3. 通过研究语言单位、范畴及其相互关系实施的归纳性研究方法。其中对演绎性研究方法需要设定如下限制条件：1. 语言的原始语义结构必须具有“事物—特征”

特点；2. 语言的原始语义结构必须包含数量穷尽的特征，而且与语言单位相比数量更大；3. 特征数量及其最基本的区分需要受制于语句中以“事物”充当的核心成分。语言的深层语义结构表现为“事物”与“特征”的相互关系，应该包含数量穷尽的事物特征。然而，无论是在一般情况下还是在个别情况下，事物都具有无限的显性特征和隐性特征。所以，在语言思维和言语交际的过程中，尽管潜在“特征”的数量是无限的，但实际上语言的“事物—特征”结构却是有限的。“事物”及其“特征”分布于语言的线性时间顺序之中，“特征”数量及其最基本的区别则取决于说话人在语句中对充当核心成分的“事物”的态度。

语言的语义结构之所以最终得以形成并脱离超语言的客观现实世界，原因就在于人类的语言意识依托的是现实时间单向的线性轴。人类意识与现实时间的互动导致了“事物—普遍特征”的二元逻辑结构延伸为语言的四成分语义结构：“直接特征—事物—第一（间接）特征—第二（间接）特征”。“特征”的数量和区分取决于现实时间的轴线以及说话人对“事物”的态度。语言的深层语义结构并不复杂，内部关系很完善。“事物”和“特征”因此获得了外部和内部的双重界定，“外部界定”意指“事物”和“特征”是语言以外现实世界的反映结果，“内部界定”意指“事物”和“特征”在本质上与现实时间的线性轴具有直接联系，也即与语句的线性轴具有直接联系。因此可以判断，语言的语义结构既反映现实世界的结构，同时又受制于现实世界的结构。在现实时间的单向线性轴背景下，语言的语义结构具有两种时间表示，一是非对称的双成分表示，即“此前—此后”，二是非对称的三成分过渡性表示，即“过去—现在—将来”。双成分时间表示在所有双要素语句中都可以观察到，因为“特征”总是与“事物”具有非对称的关系，“事物”是核心要素，“特征”是从属要素。

三成分过渡性时间表示出现于一个“事物”和两个“特征”的情况下，按时间流依次展开：“事物—第一（间接）特征—第二（间接）特征”。语义结构的过渡性时间表示部分非常重要，是语句述谓结构形成的基础，也即语句本身形成的基础。在语句按现实时间的线性予以展开的过程中，可以逆向地预推出直接特征，并以此为基础构成语句的非情态性成分——定语，与“事物”形成短语关系。

语言要素围绕时间线性分布不仅表现在句法表层，也表现在语义深层。现实时间的线性特点并非表现在语言的词汇上，而是表现在范畴语义和语法语义上，更确切地说，是表现在语言的原始语义结构上。人类的自然语言建立在现实时间的轴线上。

三、语言的基本语义结构及言语主体问题

语言的基本语义结构必须有作为言语主体的人的参与，这是语言内部和外部两方面因素决定的。尽管“事物”和“特征”始于现实世界，具有本体和客观的特点，但根据“特征”划分“事物”的行为只能由具有意识和意志的言语主体去实现。“特征”可能具有偶然性，并非是本质性的东西，但原则上这并不重要，重要的是该“特征”对“事物”具有划分意义，即使是言语主体的主观判断也一样。语言的原始语义结构的“事物—特征”本质已经决定了言语主体的参与问题，其述谓部分［“事物—第一（间接）特征—第二（间接）特征”］在现实时间单向的轴线上展开，因而具有松散和可分割的特性，述谓性的“第一特征”和“第二特征”与“事物”的关联是在言语主体的主观意识活动条件下才得以产生的，只有言语主体才可以通过“第一特征”将“事物”与“第二特征”联系起来，这就揭示了言语主体对语言的原始语义

结构实施情态作用的本质。言语主体与语言的深层语义结构之间自始就存在着某种内在的和谐关系。但也必须指出，言语主体概念具有双重性：（1）“抽象的言语主体”，对应的是语言的语法结构，也即“语法句子”（предложение, sentence）的言语主体；（2）“具体的言语主体”，对应的是语言语法结构的使用，也即“话语语句”（высказывание, utterance）的言语主体。

动词性述谓的语法—语义结构完全受制于“时间的间隔性”原则，也即在“事物”和“第二特征”之间占据过渡性的中间环节地位，正是这一原因才使得动词性述谓集中体现了所谓的语法范畴的客观情态性。“事物”的“间接特征”不仅表现了其本身的内在特性，而且也表现了与其他“事物”的关系，其中也包括空间和时间。诸如俄语和英语：Студент пишет грамотно—читает книгу—учится в институте—работает по вечерам; This student writes well—is reading a book—studies in a university—works every day，等等。“抽象的言语主体”通过客观情态将深层命题联结为一个整体，同时也将组合关系（语言的原始线性关系）转化为聚合关系（“状语—宾语”轴线）。

“间接特征”具有表示性质和关系意义的双重性，从而形成“性质述谓”和“关系述谓”两种语义实体，前者属于语句的“主体—述谓”语义结构，后者属于语句的“谓词—谓项”语义结构。语言学界曾经对语句的逻辑—认知基础发生过争议，究竟什么是语句的逻辑—认知基础？是“主体—述谓”语义结构，还是“谓词—谓项”语义结构？显然，传统句法将语句归结为“主体—述谓”语义结构，现代句法则将语句归结为“谓词—谓项”语义结构。似乎“主体—述谓”语义结构已经成为历史，现代句法学理论中已经没有了“主体—述谓”语义结构的地位。然而，对语言思维和言语交际的系统分析显示，“主体—述谓”语义结构和“谓词一谓项”语义结构最终还是同一性语义结构，区别仅仅在于不同的研究层面和研究视角。“主体一述谓”语义结构和“谓词一谓项”语义结构最终都将依托“事物一第一（间接）特征一第二（间接）特征”这一恒定的语义结构。总而言之，“主体一述谓”语义结构属于“意义是世界”的语义模式或范畴，而“谓词一谓项”语义结构则属于“意义是事实”的语义模式或范畴。

传统语法将语句结构划分为主要成分（主语一谓语）和次要成分（定语一状语一宾语），但它们之间的关联在很大程度上却成为难题，这是因为次要成分具有双重性，一方面它们是语句的组成部分，另一方面它们还是短语的组成部分。为了分析主要成分和次要成分之间的关联问题，就必须分析语句与短语之间的关联问题，并基于这样的假说：“语句的句法结构是第一性的，短语的句法结构是第二性的，短语最终是在语句的基础上构成的。”[①] 为什么作为述谓性结构的语句可以转化成广义上作为限定性结构的短语？因为所谓的次要成分先期是语句的构成成分，后期才成为短语的构成成分。定语连同主语旨在表达潜在的逻辑主体，状语和宾语旨在表达潜在的逻辑述谓，因此定语可以先期进入短语结构，而状语和宾语则可以先期进入语句结构。例如在俄语 Он внимательно читает интересную книгу 这一语句中，интересную 是短语的构成成分，внимательно 和 книгу 是语句的构成成分。

与其他语言单位相比，语句具有四个方面的原则性区别：1. 音素、语素和单词都具有直接的语音物化形式，也即具有各自的声学面貌，而语句的语法结构本身则不具有相应的语音物化形式和声学面貌，人类的记忆因而也不可能产生语句的语音形

① В. Юрченко, Философия языка и философия языкознания. Лингвофилософские очерки, М., Kom Kиuza, 2005, с. 74.

象。显然，语句的语音物化形式只有通过词汇的语音集合才能获得，并借助于语调这一词汇组合的特别交际手段。语句获得语音物化形式的可能性就在于现实时间的轴线。2. 每个语言单位组合成更大的语言单位，音素与音素组合成语素，语素与语素组合成单词，单词与单词组合成语句，需要在每个语言单位的基础上和“背景”中予以研究[①]。与这些语言单位不同的是，语句具有超语言基础，其构成体系可以表示为：语句—逻辑判断—现实时间—客观世界，语句只有在这一体系中才可以被理解。3. 音素、语素和单词具有的只是语言内部的客观性特点，并不具有说话人意义上的外部情态色彩。而语句的语法结构在本质上具有情态性，诸如动词和句法的句式和时间范畴，因此语句似乎由两部分组合而成，一是主观情态部分，二是客观命题部分。4. 无论音素、语素还是单词都无法与说话人发生直接关联，而语句则可以通过情态性与说话人发生直接关联，进而通过人称范畴与整体言语行为结构“发话人—受话人—言语对象”发生直接关联。据此可以判断，语句是基于现实时间轴线的四成分语法结构，包含一个事物和三个特征，或者换言之，包含一个非情态成分和三个述谓成分。

因为语句的基础是现实时间的单向线性轴，所以其深层的离散性语义必然表现出一定的相关形式。首先，各语义成分在语句组合轴线上形成位置差异。从句法形式角度看，人类语言存在两种不同的类型是完全可能的，一些语言的语义成分没有获得补充性标记，语义形式受制于语句组合轴线上的初始位置，也即语义形式的关联性具有纯粹性，外部表现为固定词序，被称为孤立语，以汉语为例最明显。另一些语言的语义成分获得了补充性形式标记，相关的句法形式得到词法形式的补充，因而语义成分在语句组合轴线上可以变换位置，外部表现为自由词序，被称为屈

① Э. Бенвенист, Общая лингвистика, М., УРСС, 2002, с. 129-140.

折语，以俄语为例最明显。需要指出的是，既不存在所谓的纯粹孤立语，也不存在所谓的纯粹屈折语，典型的屈折语兼容句法和词法的综合和融合两种形式，在孤立语和屈折语这两种类型的语言中常常可以观察得到多种多样的过渡性和混合性句法和词法形式。语义形式离散化的走向之一就是分析取代综合，比如英语。此外，在孤立语和屈折语这两种类型的语言中还可以观察得到深层语义成分外向性地结合成统一的句法体系。任何结构类型的语言都基于同一的相关句法形式，其深层语义成分在现实时间的单向线性轴上依次展开。

在“意义是事物”这一模式中，处于中心位置的就是单词，也即名称，于是就有两个问题首先浮现出来：1. 交际性的语句与称名性的单词这两个基本单位是如何在语言深层上发生结合的？ 2. 在词汇和语法派生过程中，虚词（包括具有过渡性的代词以及感叹词）是如何从实词中形成的？传统观点认为，实词的意义来源于词汇和语法意义，而范畴意义则融化在这两部分意义之中，一些学者将范畴意义归于词汇意义，另一些学者将范畴意义归于语法意义，还有一些学者折中地将范畴意义视为词汇—语法意义。然而，对语言的系统分析表明，范畴意义属于整个词汇语义结构中独立的复杂结构成分，既不是词汇意义，也不是语法意义。词汇意义、语法意义和范畴意义既可以共同存在，也可以分别存在于某一单词之中，比如俄语 дом 一词，其词汇意义是“建筑”，其语法意义是“形态”（性、数、格），其范畴意义是“事物”；俄语代词 что，范畴意义是“事物”，语法意义是“形态”（格），但却不包含词汇意义。又如俄语语句 Ночь была темна 中的 была 一词，仅仅表示语法意义（句式和时间），并不包含词汇意义和范畴意义。而俄语感叹词 ах 既没有词汇意义，也没有范畴意义，更没有语法意义。作为范畴意义的“上层建筑”，词汇意义还可以划分出三个要素意义：内涵（能指）意义（сигнификативное значение）、外延（所指）意义（денотативное значение）和指称意义（референтное значение）。再以俄语 дом 一词为例，该词的概念（能指）意义是“事物特征的总和”，对象（所指）意义是“同等事物的一类”，指称意义是“个别和具体的事物”；词汇和语句的初级联系产生于深层的范畴意义，也即 дом 具有“抽象事物”的意义，它一方面是语句恒定语义结构的要素，另一方面也是词汇意义的基质；范畴意义是词类结构中的基本要素，也是语句、词类和单词这三种语言现象的始发点。词汇和语句的二级联系产生于概念意义，也即事物特征的线性和次第性结构。在语句和单词的转换过程中，特征的线性和次第性结构可能发生变化，特征也可能转而具有偶然性，语句概念意义在向名称概念意义“折叠”的过程中便产生了词汇意义的特定性。词汇语义可以分解出如下要素：1. 单词结构包含语音集合，与其相关的是范畴意义、语法意义和词汇意义；2. 语义结构包含范畴意义，与其相关的是概念意义、对象意义和指称意义。

许多学者提出，语句是第一性的，单词是第二性的。洪堡特指出：“难以想象语言的形成始于表示事物的单词。实际上言语并非由先于自身的单词而形成，恰恰相反，单词产生于言语之中……语言的形成以单词为终点。”[①] 沙赫马托夫指出，单词对语句具有发生学意义上的依赖关系：“语句在语言中首先获得存在，随后通过基于相互对比和影响的语句切分，剥离出词组和单词。”[②] 当代学者阿鲁久诺娃也提出了类似的观点：“语句结构的

① В. Звегинцев, История языкознания XIV и XX веков в очерках и извлечениях, М., Просвещение, 1960, с. 82.

② А. Шахматов, Синтаксис русского языка, М., УРСС, 2001, с. 41.

选择先于单词的选择。”[①] 加克也指出：“句法结构并非是按语法规则简单地对单词进行机械组合，句法结构完整反映的是我们想象中的情境结构。这再次证明，在语句产生过程中，并非句法结构形成于单词，而是单词为句法结构所选取，确切说这是单词和句法结构进行相互‘匹配’的过程。”[②]

单词（普通名词）是语言的称名单位，是语音集合以及语法意义、范畴意义和词汇意义的统一体，其中语法意义具有词缀这一特别的物化表示，范畴意义（潜在或抽象的事物）是词汇意义的基质，而词汇意义结构可以分解出概念意义（作为事物概念的特征总和）、对象意义（同等事物的一类）和指称意义（现实和具体的事物）。需要特别指出的是，代词作为比较特殊的词类保存了范畴意义，可以充当语句成分，但代词丧失了词汇意义，没有称名功能，仅有指示功能，所以只能依赖言语主体实现其称名功能。前置词（介词）、连接词、语气词等虚词的构成不仅丧失了词汇意义，而且也丧失了范畴意义，不能充当语句的独立成分，只具有纯粹的语法功能。如果实词结构丧失了全部的词汇意义、范畴意义和语法意义，那么该实词就变成了感叹词，被排除在称名和语法界限之外，其关联意义仅限于语音集合本身。意义要素弱化依托的是大量和开放的词汇系统，因而具有渐进性和非离散性。

在此顺便涉及一下俄语中的称呼语（обращение）问题。称呼语是一个频繁使用的交际单位之一，从系统结构上看，称呼语属于句法研究范围，但却是一个相当外围的研究对象，因为它不属于句法基本结构要素系统。但是，学者们仍然感觉到称呼语应

① Н. Арутюнова, Синтаксис. Общее языкознания. Внутренняя структура языка, М., Наука, 1972, с. 290.

② В. Гак, Высказывание и ситуация. Проблемы структурной лингвистики, М., Наука, 1973, с. 364.

该属于句法范围，就像插入语、情态词一样，组成基本句法单位的外围要素。有很多句法著作探讨称呼语的句法本质。教科书大多将称呼语解释为词或词群（группа слов），同时一再强调称呼语在语句中与其他词语不发生句法关系，并具有特殊的语调。俄语曾存在过呼格（звательный падеж）形式，但呼格与其他格相比非常孤立，差别很大，严格地说称呼语不能看成是格的形式，现代俄语中也不再有呼格了。令人费解的是，词语是如何获得语调的？因为词语作为称名层面上的单位是不具备语调的，更何况称呼语的特点是在语句中不与其他词语发生关系。而俄语的词法规则要求结构词必须具备词法聚合关系。而且，附加语义如何将一个层面的单位变成另一个层面的单位，即词语变成语句？因此，传统语法无法解决有关称呼语的诸多问题。最终“意义是用法”这一语用学思想将称呼语纳入交际活动，使之直接成为交际行为，脱离了与语句中其他词语的关系并拥有语调。

在维特根斯坦提出的“意义是用法”为标志的语义聚合关系中，处于中心位置的是陈述语句，因为这类语句可以直接进入以“发话人一受话人”为结构体系的言语行为之中，可以切分为“主题一述题”，可以构成“肯定一否定”形式，是其他语句的基础性结构，并派生出大量的二阶语句类型，比如言语活动中最重要的“施为语句”“祈使语句”和“询问语句”。揭示各类语句之间的内在关系是语言学的本质任务之一。

在对语言和言语之间的相互关系进行经验分析和理论审视之后可以发现，与“主语部分一谓语部分”相对应的“事物一普遍特征”的深层和潜在结构，可以通过语句实际切分相应地表现为“主题一述题”结构。与此同时，如果说通过句子语法结构表现出来的潜在判断具有确定性和单一性特点，那么通过语句实际切分表现出来的潜在判断则具有随机性和概率性特点，因为潜在判断与现实判断之间的关系具有距离性和间接性，是语言上的某种词汇要素所使然。与“语法句子”不同的是，“话语语句”直接与言语主体相关联，并根据言语主体的主观意愿随意生成，也即“意义是用法”这一模式的本质所在。

“主体—述谓”判断的完成意味着潜在结构（事物—特征）和现实结构（主题—述题）这两者实现统一，语言思维系统和言语交际系统因此获得独特的“自我对接”。语言思维系统和言语交际系统归根结底是言语主体意向生成的结果，一方面具有稳定性和目的性，另一方面具有机动性和灵活性。

（原载《外语学刊》2008 年第 6 期）

译学研究的研究与分析哲学的分析

一、引语

所谓“分析哲学的分析”，是哲学的自我批判和自我解释，也即“元哲学”（metaphilosophy）。“译学研究的研究”自然也可以理解为“元翻译学”（metatranslatology）。在现阶段过早涉及“在翻译学之后”的“元翻译学”问题实属情急之举，但也是深思之举。科学自身性质的研究毕竟是科学所要解决的基本问题。

语言是人类具有共同生理和心理基础的知识结构系统，其共性是本质性的内核和基础，其个性是边缘性的规则和参数。由此可以做出一个推断：翻译学同样具有共性和个性两个方面的研究内容，也即存在普通翻译学（general translatology）和个别翻译学（particular translatology），对此翻译学界应该能够达成共识。但要想使翻译学成为一门独立的学科，必须首先建立普通翻译学，对此翻译学界却未必能够立即达成共识，问题也由此而生。为什么不存在“具有中国特色的数学、物理学、化学”，却存在“具有中国特色的翻译学”呢？20世纪初哲学研究的语言学转向或许能使我们重新审视这一问题。“经过语言学转向以后的哲学家认为分析语言就是在研究哲学。”[①] 这就意味着研究翻译也同样

① 钱冠连：《中西哲学的不同语言走向》，《解放军外国语学院学报》2001年第6期，第2页。

就是在研究哲学。这是一个认识论问题，也是决定翻译学学科地位的问题。

语言是一个信息系统，这是全人类语言的共同特征。语言信息的交流主要是人与人之间的交流，具有双向性质。存在于人脑中的语言信息系统既能生成语言，又能理解语言；既有生成的信息加工过程，又有理解信息的加工过程；同时还存在信息的反馈监控过程。[①] 传统翻译研究一直以原语（source language）和译语（target language）的编码—解码—再编码的操作形式为主要依托，其直接结果是提出了一系列微观语言形式的转换技术，其间接结果是产生了某些翻译理论。这种研究内容的正确性毋庸置疑，语言与翻译之间的天然关系决定翻译研究不可能脱离语言符号这一人类文化行为的载体。但翻译理论研究中的确又存在许多难以阐明的问题，建立“翻译学”一说更使得翻译理论研究不堪重负。问题似乎是出在对语言符号研究的方法论和认识论上。

问题阐释的基点在于：语言交际包含两种模式，一是代码模式（code model），二是推理模式（inferential model）；[②] 这两种模式具有同构关系，但编码—解码过程最终要归于认知—推理过程；在翻译研究中，代码模式研究表现为很强的个性研究，由此产生的是个别翻译学，而推理模式研究表现为很强的共性研究，由此产生的则是普通翻译学。

二、语言学转向的哲学研究与语言存在的翻译研究

分析哲学产生于一百年前西方理论科学发生危机的时期。当时，西方主干科学之一的哲学几乎丧失了作为其存在基础的三个

---

① 程琪龙：《认知语言学概论》，外语教学与研究出版社 2001 年版，第 32 页。

② 何自然：《语用学与英语学习》，上海外语教育出版社 1997 年版，第 123 页。

西呢？不会是一种名为“学”的各行其是、杂乱无章、毫无规律可言的学科吧？我们不妨看看如此之悖论：“只要人的大脑存在差别，语言就会千差万别，在同一性上就不会存在规律……翻译涉及两种语言，要在翻译过程中寻找客观规律，就是寻找两种语言之间内在的必然联系，以便对翻译程序和方法进行客观的、科学的描写……这种愿望是美好的，然而却是虚无的空想……翻译学对翻译活动和翻译作品进行研究，通过实事求是的研究，寻找指导翻译的真理，因此翻译学也是科学。”① 极端的个性论观点竟然完全忽视了语言是人类具有共同生理和心理基础的知识结构系统这一超级现实或超级同一性。② 如此说来，连翻译活动本身都根本不可能实现，何谈“寻找指导翻译的真理”“翻译学也是科学”呢？学理上的混乱不仅导致无法解释何谓“翻译学”，甚至无法解释何谓“科学”。朴素但深刻而清醒的认识是：“不管有多少种译法，但必须忠于原文的含义，这就是科学性……科学性的概念并不是要求一个问题只有一个答案，数学中有不少问题还有两个以上的解呢，一个句子有几种译法怎么就能说没有规律了呢？”③ 索绪尔关于语言和言语的区分并不意味着言语不可能研究，语用学就是研究言语的学科，面对千变万化的言语，语用学依然提出了言语行为理论，其中包括言语行为三层面公理、间接言语行为、会话含义推导机制以及与之相关的合作原则、礼貌原则、关联理论等，而这一切都适用于所有的人类语言。所以，个性论者眼中不会有科学，误区则是只见个别现象，不见一般本质。随着自然科学的发展，语言与思维的关系最终将成为实证科学，彼时

① 李田心：《语言规律、规则和翻译(科)学》，《外语与外语教学》2001年第5期，第55—58页。

② 隋然：《创新思维基点：语言个性与共性及其关系》，《外语与外语教学》2001年第10期，第21页。

③ 杨自俭：《我对当前译学问题讨论的看法》，《外语与外语教学》2001年第6期，第47页。

翻译学的学科属性未必不会发生变化。本文目的就在于提出基于科学假设的翻译学研究问题。

科学哲学研究的一个重大课题是科学的解释究竟有哪些形式与结构。夏佩尔（D. Shapere）为此提出了三个科学理论问题：1. 科学合理性（scientific rationality）的公设（postulates）或假设（hypotheses）；2. 科学推理的可概括性公设或假设；3. 科学推理原则的可系统化公设或假设。[①] 对于从事语言学和翻译学研究的学者来说，分析哲学最值得关注之处就在于科学的语言和思维研究，分析哲学的起源及研究方法也表明，科学性是学科的立身之本，没有科学性的学科就没有存在的价值和权利。不能从变化多端的现象中探求相对稳定的本质，不能从大量的结果中追寻一个或数个起相对稳定作用的原因，没有从特殊到一般的规律，就谈不上什么科学的建构。翻译研究最容易强调个性，这恰恰是语言交际两种模式研究中代码模式研究的最大特点，也恰恰是建立翻译学的最大障碍。这种认识论、方法论和指导思想上的最大障碍意味着什么可想而知。语言的符号系统本来就是翻译学产生的最佳土壤，但语言存在（本体）的翻译学却未能尽早或及时产生，而语言学转向的哲学倒是成了气候。当然，相对哲学和语言学而言，这里还存在着一个客观的、学科层级所导致的翻译研究的滞后性问题。

三、分析哲学研究方法论在翻译学研究中的实现问题

在分析哲学家中，有的是逻辑实证主义者，如卡尔纳普等，有的是语言批判主义者，如维特根斯坦等。但无论如何分析哲学

① D. Shapere, Scientific Theories and Their Domains, University of Illionis Press, 1977, pp.518-565.

的核心问题是合理性的理性研究，这就必然使得包括语言行为和翻译行为在内的文化行为研究与分析哲学发生关系。在分析和理性重建过程中求得精确解释的哲学方法，不仅为自然科学所需要，也为其他智力研究所需要。分析哲学采取语言学阐述方法的目的不在于语言本身，而在于受益于语言分析的推理的规范性，也即客观上追求的是语言目标，主观上追求的却是推理目标。

除演绎模式和归纳模式外，分析哲学没有第三种推理模式可供使用。因此，在分析哲学中假设式和绝对式推理均具有可能性，依据就在于是“揭示含义”还是“陈述证明”，它们的区别是方法论的区别。然而，分析哲学中大量的推理模式无疑具有演绎性质，因为在“揭示含义”和“陈述证明”的系统内部，任何形式化的论证必然具有演绎性质。演绎模式以一般原则为目标，具有更大的空间和自由度从事全局性问题的研究，因而倾向于分析意义的概念和内涵，表现为“语义上升”；归纳模式以局部语境为依托，并使其单称直觉（确定性和无条件性的直觉）只适合于这种局部语境，因而对个别实例所提供的证据感兴趣，倾向于分析特殊类别词语的意义，表现为“语义下降”。① 哲学对话往往得益于演绎推理。当然，极端的演绎主义有可能退化为极端的悖论，过分的归纳主义也有可能退化为过分的保守。

在科学哲学界，卡尔纳普以其精致的技术化表述方式著名，而他表达的思想也十分清楚。卡尔纳普在演绎逻辑系统中增加一个确认函数 c 的定义，从而把归纳逻辑系统构造出来。所以，归纳逻辑系统必须以预设演绎逻辑系统为先决条件。这种独特的构思表现在他的公式 $c(h,e)=r$ 之中（e 表示证据，h 表示假说，

① 乔纳森·科恩：《理性的对话：分析哲学的分析》，邱仁宗译，社会科学文献出版社 1998 年版，第 154—162 页。

c 表示确认度，含义为 e 对 h 的 c 值等于 r)。这一公式的奇妙之处在于：归纳逻辑系统的元语言性质定理是通过演绎推理方式获得的。公式中的 e 和 h 属于对象语言，其关系是归纳性的，也即有一种概率值为 r 的归纳过程把 e 和 h 联系在一起。总之，e 和 h 都是综合命题，但 $c(h,e)=r$ 却是分析命题。在设计形式化逻辑语言过程中，卡尔纳普对“逻辑因素”和“经验因素”的处理也相当奇妙，他对 $c(h,e)=r$ 这一公式的解释纳入了人的主观经验因素，也即在证据 e 支持下对假说 h 的确信度（the degree of credence），因而需要为相对于逻辑因素的经验因素规定合理的限制条件。在以 w/k 表示逻辑因素的情况下，已观察到 S 数量的个体中有 Sm 数量的 m 性质，则在第 $S+1$ 个 m 性质的个体的可能性估计中加入以 Sm/S 所表示的经验因素，并分别将权重 λ 和 β 赋予 m/k 和 Sm/S:

$$C(Hm, Em)=\frac{\lambda w/k+\beta Sm/S}{\lambda+\beta}$$

若以主观经验接受实例为确信原则，也即“有限实例置信原则”，则 $\beta=S$:

$$C(Hm, Em)=\frac{\lambda w/k+Sm}{\lambda+S}$$

该公式似乎表明，经验因素的权重由客观有限的观察次数所决定，逻辑因素却由人的主观选择所决定，逻辑的客观形式被主观形式所替代。其实不然，逻辑因素的概念和权重是不同的，前者仅仅依赖自然语言的逻辑语义特性，具有客观和理性性质，后者取决于特定归纳法使用主体的经验因素及证实目的，具有主观和实用性质[①]。卡尔纳普关于逻辑语言设想的目的在于将其证实（verification）原则的检验标准予以系统化和形式化。对这一公式的考察有助于认识演绎推理和归纳推理的关系和区分，进而思考"揭示语境"和"证明语境"的问题：理论的演绎和归纳、自然律、现象定律、假说、观念、概念、同类事实、异类事实等。

中国翻译学界（乃至整个学界）对演绎模式和归纳模式并不陌生，尤其对归纳模式情有独钟，得心应手，甚至无师自通，但在建构理论体系过程中对演绎模式却未形成深刻的认识，或者说很不擅长使用演绎模式。这一现象严重制约了知识理论的研究和发展。演绎模式是自然科学研究中最常见的说明模式，旨在建立所谓的"覆盖律模型"，因而反映了对自然界规律性探索的必然要求，也即以演绎推理形式假设和推测科学公理的普遍性，涉及认识论和实质性内容两个方面的问题，这也是演绎的逻辑形式在特定研究语境中的先决条件。如果认识论要求获得满足，其假设也将最终获得充分的依据，而实质性内容则可以通过模型和类比方式形成科学的综合性说明体系。[②]在翻译学研究领域，反映上述两个问题的理论建构和实验定律问题一时成为无法逾越的障碍，令人望而却步，甚至丧失信心。自然科学与翻译科学都始于观察，后者探求语言之间或语言特征之间系统秩序的描述和概括，也即探求规律和定律，这种以观察性关系为基础的表述性定律可以称为"实验定律"，而以抽象思维方式推测语言之间或语

① 张志林：《因果观念与休谟问题》，湖南教育出版社1998年版，第193—201页。

② 欧内斯特·内格尔：《科学的结构——科学说明的逻辑问题》，徐向东译，上海译文出版社2002年版，第11—12页。

言特征之间系统秩序的假设则称为理论。当然，这二者之间并非存在绝对的区分，不过科学理论不可能来源于观察性的经验概括，这涉及科学理论的本质和结构问题，在翻译学中相应表现为：1. 抽象的演算，内部和外部逻辑系统以及该系统的基本概念；2. 为抽象演算提供的经验内容和规则系统；3. 抽象演算的模型及其解释。上述科学理论的本质和结构要求对描述性理论观、工具主义理论观和实在性理论观实现整合，也即对语言之间的关系和性质进行观察性表述、为组织和整理翻译经验和实验定律寻求逻辑工具、为理论体系实体的实在性定位和界定，并处理语言哲学与自然化认识论的关系。

目前还不能说旨在推出系统阐释翻译现象的科学理论的时机已经成熟，翻译学理论建构中的经验价值仍是一个有待解决的问题，自然科学中某些完全一致性的定律在翻译学中一时还看不到实现的可能性，翻译学中事实题材的确立、假设事实的合理性说明以及有效的翻译实践程序和翻译理论研究程序等问题都可能成为分歧的焦点，而这些只能发生在自然科学知识前沿的分歧却贯穿于翻译学研究的始终，并不会因为获得某些事实证据或分析技术而消失，纷争好像将无休止地持续进行下去，并成为翻译学研究的特征。对这种特征的明确和具体分析表述就是：以分析哲学说明体系和逻辑方法为研究模型的观点与以熟悉经验为依托排斥“抽象区分”的观点的对立。所以，归根到底这是方法论分歧的特征。这也关系到翻译学作为“真正科学”这一命题是否成立的问题。

翻译学研究提供了关于翻译问题的大量可靠的信息，但这些信息基本上还是对特定语言的一些翻译事实所进行的描述性研究，并未提供关于翻译现象的严格的普遍规律。对局部语境的翻译事实的描述性研究是目前翻译研究的基本标志，而翻译活动作为人类普遍的言语行为，其过程中的各种要素之间的依存关系及相互作用特点并未被明确地探究和说明，这使得翻译学中的普遍化假设缺乏坚实的基础，翻译学研究所获得的关于翻译现象的规律性和概括性说明在应用范围上受到很大的限制，在表述上不甚精确，也未能采用大量隐含的约束和界定手段。翻译学的理论建构需要在说明结构上获得一定的清晰度，就目前学科建构理论而言，这种清晰度的获得途径只能是逻辑分析，而逻辑分析（分析哲学的分析）恰恰是学术偏见的受害对象。

建立所谓假设的普通翻译学或理论翻译学，其首要追求目标是提出能够充当系统说明和可靠推理工具的普遍规律，但困难可想而知。原因之一是在翻译学研究中进行受控实验的意图受到极大的质疑，那些被称为现象产生相关条件的“变量”或“因子”在翻译的受控实验中似乎无法随意处理，翻译现象和语言符号操作变量之间恒定的依存关系难以被发现，或难以进行精确的形式化表述，研究者（实验者）通常也不具有研究（实验）的预设修正能力，因而无法获得研究（实验）的认知意义。另外，即使可以获得某些适合的翻译实验样本，但它们的某些相关特点的相似性也不完整和充分。然而，缺少受控实验和受控分析的翻译学前景并不明朗。严格意义的实验主张在社会科学研究中备受冷落和指责，具体到翻译学研究中更是不可思议。但事实上在某些社会科学研究领域（如语言学）仍存在若干实验行为，即使是实验室实验也呈现与日俱增的态势，而且与自然科学实验室实验并无本质差别。当然，文化相对性问题不容忽视，这是翻译学探索综合性普遍规律的另一个重大障碍，对于跨文化交际性质的翻译规律而言，必须对不确定的现象做出确定的预判，而人类言语行为的千变万化使得这种预判既琐碎又狭隘，普遍适用性大打折扣。在如此复杂的困境中翻译学必须迫使自己看到一种可能性：与以往翻译理论中所采纳的概念和提出的某些规律相比，未来的普通翻译学或理论翻译学或许应该加强“抽象性”并拉开“逻辑差距”，也即告别那些“熟悉的概念”，而为了处理在翻译现象分析中所涉及的新概念，或许应该掌握更为复杂的技术。

对于中国的翻译学界而言，方法论问题更加突出，完全专注于对个别实例提供证据的归纳研究方法只能使中国的翻译学研究走向孤立主义的道路。建立“具有中国特色的翻译学”或“自成体系的中国翻译理论”的说法很有诱惑力，但凭什么？就凭古代的“五失本，三不易”“五不翻”，或近代的“信、达、雅”，或现当代的“神似、化境”等等只属于证明语境的实证经验，或“道可道，非常道”的感悟内省？没有自创的“发现模式”（pattern of discovery，哲学意义上的认识论和方法论模式，而非现实中随处可见的所谓的“理论模式”），又对已有的“发现模式”认识不足或予以排斥，如何建立翻译学？普通翻译学尚且谈不上，更何况被冠以“中国特色”或“自成体系”的翻译学。目前的情况是，极端的演绎悖论现象尚不多见或根本未见，过分的归纳保守现象却比比皆是。由此显而易见的事实是与建立翻译学背道而驰和南辕北辙的学术倾向。要想改变这种状况，就要解决“有什么用”这一最基本的问一答问题，也即“理论源于实践，理论（立即）指导实践”这一思维定式的再认识问题。但现阶段这对很多人来说既难理解又无法接受，甚至不可想象。可以认为，进入 21 世纪之后，包括翻译学在内的各个学科的研究是对中国学术界的重大考验。

“具有中国特色的翻译学”或“自成体系的中国翻译理论”的说法确实令人怀疑。即使搞出了什么“中国翻译学”，在学理上也只不过是个别翻译学。看来，我们需要追求的是“中国翻译学派”意识，而不是什么“中国翻译学”断想。“中国翻译学派”产生的基础也只能是普通翻译学，因而立足于世界学术派别之林，不可能是什么“中国翻译学”。“中国翻译学的特色，就是只有应用翻译学而没有纯翻译学。”[①] 这一观点触及了问题的实质，只是表述不甚规范，其实，“中国翻译学”也不是学理上的“应用翻译学”，“应用翻译学”与“普通翻译学”（或“理论翻译学”，即所谓的“纯翻译学”）一样都属于综合研究，而不是分相研究。没有学派，至少表明下面几个方面的落后状态：“没有理论意识；没有自主独特的理论模式；没有学术上杰出的代表著作及杰出的代表人物；没有强大的后备力量，包括追随者与可能的反对派；没有学者之间的宽容与尊重。”[②] 中国语言学界，尤其是汉语学界和翻译学界的所谓“重事实派”，实际上也不过就是“陈述证明派”而已。

哲学一百年前的“再生”证明了数理逻辑理论和语言符号理论的重要性，乔姆斯基的“转换生成语言学”（广义的语法几乎就是语言学的同义词）也证明了这一点。分析哲学研究的都是规范性问题，这些问题以各种方式与判断的合理性、态度的合理性、程序的合理性或行为的合理性相联系。分析哲学为这些问题寻求合理的解决之道，填补自然认识论原则上不能填补的空白。然而，要解决这些问题，仅凭几个内向的概念和单纯的“工艺流程”是不行的，必须有显性的表现形式和外化形式，于是诉诸数理逻辑和语言符号。这是否对翻译学研究有所启示呢？这又是一个普遍难以理解和不可思议的问题，更何况国外尚且没有提出系统而又成功的范例。尤金·奈达（Eugene A. Nida）几乎追踪到“翻译科学”（science of translation）宫殿的门前，

① 张南峰：《特性与共性——论中国翻译学与翻译学的关系》，见谢天振主编《翻译的理论建构与文化透视》，上海外语教育出版社2000年版，第233页。

② 钱冠连：《学派与学派意识》，《外国语言文学研究》2002年第1期，第6—8页。

但苦于未能寻到开门的钥匙，只好无功而返，遗憾地放弃了进入“翻译科学”宫殿的信念，甚至认为翻译不可能成为科学，最终还是堕入“有什么用”这一困扰常人的问题并身陷其中。

在普通翻译学所要研究的一般规律中，科学解释的形式与结构、科学推理的公设或假设是否能以逻辑推理形式表现并通过形式语言符号阐释？解决了这一问题，就等于解决了分析哲学研究方法论在翻译学研究中的实现问题。脱离了高度的符号化、严密的逻辑化和外向的形式化，诸如“神似”“化境”“等效”等翻译研究的“经典之道”及其所追求的“崇高境界”，实际上都变成了“只可意会，不可言传”“运用之妙，存乎一心”的玄想。剩下的恐怕也只有诸如“吃透原文”“搭配合理”“译笔严谨”“表达正确”“减少错译”“避免漏译”这些艺匠之道了。

最后，再回到本文“引语”中所谓的问题阐释基点。语言交际包含的具有同构关系的两种模式提示我们，代码模式和编码—解码过程肯定是翻译学研究的主要内容，而推理模式和认知—推理过程则有可能成为普通（理论）翻译学发生的基础。

四、结语

至于说分析哲学的生命力能持续多久，这并不重要，即使它最终走向消亡也无关紧要，各个学科自有其发展规律。正像20世纪初哲学通过语言学转向走出危机一样，它还会走出未来可能产生的各种危机并不断获得新生。重要的是，现阶段分析哲学的认识论和方法论能否给翻译学界提供启示，能否对翻译学建设发挥影响，能否为翻译学指出一条生长之路。爱因斯坦明确指出：“西方科学的发展是以两个伟大的成就为基础，那就是希腊哲学家发明形式逻辑体系（在欧几里得几何学中），以及通过系统的实验发现有可能找出因果关系（在文艺复兴时期）。”[①] 科学就是各种自然规律的学术体现，其中既需要精确表达并构成严密理论体系的逻辑形式，也需要可用于检验的经验内容。

但愿“提出了一个问题就等于解决了该问题的一半”，而“问题的另一半”能够尽快得到解决就再好不过了。

（原载《外国语》2003 年第 1 期）

① 爱因斯坦：《爱因斯坦文集》第一卷，许良英等编译，商务印书馆1976年版，第574 页。

自然语言与逻辑语言：人脑与电脑

一、引语

自从 1946 年在美国宾西法尼亚大学诞生了世界上第一台电子计算机 ENIAC（电子数值积分计算机）以来，计算机技术迅速发展，其应用从航天航空、制导装置、原子能研究等尖端科技领域逐渐延伸到工业生产、企业管理、行政办公等领域，继而又不同程度地渗入人类的日常生活之中，人类社会进入了以计算机技术为标志的信息时代。随着计算机科学的进一步发展，人类对于计算机认知能力的诉求越来越大，这使得计算机对人类自然语言的认知（cognition of natural language）问题成为日益重要的研究课题。当今世界在这一领域研究水平领先的国家诸如美国、俄罗斯、英国、法国等，已经将初步取得的研究成果应用于相关领域，其中美国科学家“伍兹（W. Woods）于 1970 年设计的‘扩充转移网络语法’（ATN），是在乔姆斯基的转换生成语法的基础上建立起来的……1972 年伍兹用 ATN 为阿波罗登月舱的泥石采样工作设计了一个‘月球科学自然语言信息系统’，简称 LUNAR 系统，这个系统里储存了 3 500 个英语单词，能够就月球泥石采样的化学成分，回答地质学家们提出的问题”。[①]

① 戚雨村：《现代语言学的特点和发展趋势》，上海外语教育出版社1997年版，第201 页。

早在一百多年前的20世纪初，在哲学的“语言学转向”背景下，语言学便与数理逻辑发生关系，哲学家在对自然语言进行分析的过程中，大量使用表示数理逻辑的形式符号，逐渐形成了初具系统的逻辑语言（人工语言、形式语言），语言学也因此与现代数学联系起来。在数学的进一步影响下，又产生了统计语言学（statistical linguistics）和代数语言学（algebrail linguistics），并形成普遍意义的数理语言学（mathematical linguistics）和计算语言学（computational linguistics）。随着早期哲学、数学、心理学与语言学的相互影响和渗透，以及当代计算机科学、控制科学、信息科学、神经生理学与语言学的交叉融合，认知科学（cognitive science）作为一门新型的学科应运而生，并派生出认知语言学（cognitive linguistics）乃至认知语用学（cognitive pragmatics）等等。

20世纪后期，中国的认知语言学研究也取得了一些进展，但在起步阶段便落后于欧美科学发达国家的水平，主要原因表现为语言学界普遍欠缺逻辑语言的掌握和使用能力及研究群体不足等等。不过也要看到，自然语言的计算机理解和识别研究在科技领先的欧美发达国家仍面临巨大的难题，自然语言中的歧义性（ambiguity）仍然是难以逾越的障碍。因此，适应计算机科学的自然语言的语法描写便成为一项难度很高而又十分关键的课题。中国语言学界在这一方面可以继续努力，只是面临的困难更大，因为尽管汉语与英语、俄语、法语、德语等欧美语言同为自然语言，但汉语与汉民族整体性思维和比附性思维的内在联系在语言形式和结构上所表现的意合性和具象性特点，使得汉语的系统认知语法描写令人望而却步。然而，科学终将解决这一问题，就像汉字的计算机输入问题成功得到解决并显示出特有的优势一样。

二、自然语言与逻辑语言的概念与区别

“自然语言”（natural language）是一个外来概念。语言被冠以“自然”的修饰语完全是因语言哲学（主要是逻辑语义学），尤其是计算语言学和认知语言学形成所产生的一个不是术语的术语。自然语言是我们人类随时都在使用的交际工具、认识工具和艺术创造工具，它已经伴随我们人类走过了漫长的历史岁月，是与我们人类共生共存的超级现实，而且还将伴随我们人类面向未来的无限时光，只是我们人类从现在起还想要把它从人脑移植到电脑中去。鉴于计算语言学认识到计算机只能接受、理解和识别形式化的逻辑符号，人工智能技术只得努力将极其复杂的自然语言转换成逻辑语言并输入计算机的程序，目的在于解决计算机对自然语言的理解和识别问题，而自然语言的语境知识、背景知识等预设知识又难以成为形式化的逻辑符号，这使得包括人机对话、机器翻译等在内的计算机处理自然语言的研究陷入困境。所以，与自然语言相对的是逻辑语言，当不存在这种区分时，语言就没有必要再戴着“自然”的帽子了。自然语言的计算机理解与识别问题需要各个相关学科的密切合作才能得到最终的解决。总之，自然语言是人脑与人脑的交际工具，逻辑语言是人脑与电脑的交际工具。

关于自然语言和逻辑语言的区别，袁毓林先生对二者进行了对比分析并指出了逻辑语言的三个基本特点：“1. 基本单元的明确性；2. 运算和关系的明确性；3. 优先级的明确性。”[①] 袁毓林先生接着将这三个基本特点与自然语言（汉语）进行了对比解释，认为“自然语言在这三个方面是极不明确的”，并辅以语言事实

① 袁毓林：《语言的认知研究和计算分析》，北京大学出版社1998年版，第132页。

说明。简而述之就是：1. 语言范畴的边界不明确，表现在语素、词、词组及句子合格性的界限上；2. 结构关系难以定义，表现在主语、谓语、宾语等基本语法概念上；3. 层次不外现，表现在句法结构中不同成分之间组合的优先关系上。①

伍铁平先生则从普遍意义上对自然语言和逻辑语言的区别做出了明确的阐释："自然语言同人工语言（人造的各种符号系统，包括数理语言和各种计算机语言，但不包括世界语这种接近自然语言的人工语言和密码语言这种自然语言的转化形式）的其他差别②是：1. 一般说来，自然语言是开放的，人工语言是封闭的。2. 在自然语言中，由于每个人的生活经历不同，个人和个人，个人和集体对某种语言现象的理解不尽相同。人工语言则不然，其中的每个符号只代表一种固定的含义，因此，自然语言中存在语言和言语的差别，而人工语言则没有这种差别。3. 自然语言中除科技术语（它接近人工语言）外，很多词都有两个到几个甚至几十个义项。人工语言的特点则是每个符号都是单义的。4. 自然语言中有许多歧义性，虽然通过上下文往往可以加以消除；设计人工语言的目的之一就是避免歧义性。5. 自然语言中许多内容已包含在话语的预设之中，不言而喻，如'你妈妈好了吗？'的前提是已知对方有妈妈，妈妈病了。这些预设无须用语言表达出来，但是同电子计算机进行交际的人工语言必须交代全部预设，否则可能引起误解。"③伍铁平先生的《模糊语言学》是中国模糊语言学的奠基之作，其中以渊博的知识有力地证明了该学科与自然语言的计算机理解和识别研究的必然联系。

① 袁毓林：《语言的认知研究和计算分析》，北京大学出版社1998年版，第132—135页。

② 伍铁平先生此前强调的是自然语言的模糊性质与逻辑语言的非模糊性质的差别，故称"其他差别"。

③ 伍铁平：《模糊语言学》，上海外语教育出版社1999年版，第6—7页。

认知能力是智力活动的最高能力，是心智（mind）和智能（intelligence）的现实反映，并为人类所掌握，只是程度上因人而异，因时而异。语言是人类智力活动的工具，但不是一个简单的工具，它与人的思维相辅相成，所以不仅仅表现为一套一般性的工具形式系统，而是在语言行为（linguistic performance）系统的深层还存在语言能力（linguistic competence）系统，这就为逻辑语言描写自然语言设下了巨大的障碍，计算机理解和识别自然语言的进程因而受阻。这也决定了人工智能技术在研制计算机处理自然语言程序过程中的机械模仿和理解模仿的设计思路。

三、自然语言的形式化分析和描写

早在17—18世纪，德国哲学家、数学家、数理逻辑创始人莱布尼茨（G. W. Leibniz）就对哲学话语的自然语言属性提出了质疑，认为各种自然语言的民族性、地域性、不精确性和不规则性无法为哲学提供明确的概念和严密的推理，主张在哲学话语中用数理逻辑语言取代自然语言。尽管这一想法未能完全实现，但至少表明了人类对自然语言的理性认识。如今人类从“象牙塔”的古典哲学时代进入大众化的计算机时代，信息科学话语中的自然语言问题已经不像古典哲学话语中的自然语言问题那么“高处不胜寒”了，而是与人类的社会生活密切相关，但问题的实质仍然未变。以语言形式为载体的人脑与电脑的逻辑结构区别就归结为自然语言与非自然语言的本质性区别，尽管二者都具有逻辑结构，但后者具有的是精确的逻辑结构。所以，人脑与电脑的交际工具目前只能是逻辑语言，而非自然语言，计算机只能接受高度形式化的逻辑语言。

在20世纪这100年间，人类知识得到了迅速发展，其中包括语言学。随着哲学研究的“语言学转向”，语言学研究的质量显著提高，自然语言研究领域产生了不同阶段、不同学派的大量研究成果，自然语言研究的专著和论文浩如烟海，同时自然语言习得研究的成果也层出不穷。在大规模自然语言研究的背景下，用于研究“目标语”（object language，成为研究对象的自然语言）的“元语言”（metalanguage，成为自然语言理论研究工具的、源于自然语言的语言）逐渐发达起来，但元语言仍属于自然语言的一部分，尽管计算机对其理解和识别的难度要小得多。20世纪中期以来，伴随着计算机的问世及认知科学的兴起，逻辑语言在自然语言描写方面的重要性日益突出，并成为人机对话的中介语，在人脑和电脑之间搭起一座桥梁。逻辑语言的用途之一就在于使计算机能够理解和运用诸如汉语、英语、俄语等人类的自然语言。除非今后计算机的设计理念发生根本性的变化，否则逻辑语言将一直是人脑与电脑的交际工具。鉴于英语的世界性地位以及发达英语国家领先的科学研究，逻辑语言的形式符号主要来自作为自然语言的英语。

将人类思维过程视为计算过程是当代心理学提出的一个假说。在认知科学中，符号主义（symbolicism）认为，认知是知识的逻辑运算（operation），而思维就是计算（computation）。“对于语言理解来说，它需要的知识既包括句法、语义等语言学知识，也包括其他为语言理解所必需的世界知识。如果能把这些知识形式化为一种符号表达，即表示成一个有限的、一致的命题集合，那么，作为一种认知过程，语言理解便是知识上的一种运算。由此看来，对语言的认知研究的自然而合理的延伸便是对语言的计算分析。”[①] 所以，将自然语言规则予以形式逻辑化表达并使之可以“计算”，这只是计算机的自然语言理解和识别研究

① 袁毓林：《语言的认知研究和计算分析》，北京大学出版社1998年版，第44页。

的首要步骤，而研究心智表现及其运算的认知科学理论追求的是心智研究的物质体现，这最终将导致语言学研究进入自然科学研究。半个多世纪以来，自然语言的形式化研究取得了重大发展，科学语言学的概念及研究方法逐渐产生和形成，其研究成果已经得到计算机科学的承认和接纳，并成为计算机逻辑语言的基础理论。

自然语言的形式化研究涉及人类智力活动计算能力的结构问题。在深入研究计算机理解和识别自然语言的过程中，人们所面临的问题已经从“电脑是否思维”转到“人脑是否计算”上来。如果说人脑的本质就是计算，并在科学的方法论意义上得到实证研究，那么与人类记忆、知觉、意象、概念等相关的自然语言理解和识别问题便可以成为计算机程序的研究对象，并通过递归性、聚合式、范畴化以及类型存储、水平搜索、垂直搜索、几何编码、语符编码等信息加工手段显示思维过程，从而得出类似人脑的输入输出系统、计算模拟描述和计算常规结构。自然语言的计算化技术致力于以可执行的程序代替日常语言的推理式解释，因而这也是自然语言逻辑形式化技术。

继莱布尼茨之后的19世纪后期，德国数学家、分析哲学家弗雷格（G. Frege）也在追求“一种模仿算术语言构造的纯思维的形式语言”[①]，其动机与莱布尼茨基本相同，原因是自然语言在语法关系、逻辑规则和精确表达方面存在“不完善性”，所以需要设计一种形式语言，也即数理逻辑语言，其中所采用的最重要的数学符号是函数符号，从而使这种形式语言以运算方式达到精确推理的目的。比如F（x）、R（x, y）等数学函数符号均可用于表示命题函项。为了使形式语言更加完整，弗雷格还将自然语言中的联词予以形式化，使其成为诸如&（和）、=（等于）这样一些我们如今

① 弗雷格1879年所著《概念文字》的副标题。

非常熟悉的逻辑符号。弗雷格关于命题函项、真值、逻辑联词的阐释和设计思想成为认知语言学的基础性成果，并非什么所谓的“坏的开头”[①]，人类的认识发展过程不可能也不允许期待某些“圣贤先知”在一片空白时间段的某一点上突然凭空“开个好头”。

20世纪前半期，维也纳学派的代表人物卡尔纳普（R. Carnap）也致力于构造人工的形式化语言，他于1934年出版了《语言的逻辑句法》一书，提出了一种作为普遍物理语言的逻辑语言的设想（人类的行为归根结底是物理事件，可以用物理语言描述），其中命题函项的变元相当于坐标，变元的值相当于坐标参数。卡尔纳普在演绎逻辑系统中增加一个确认函数 c 的定义，从而把归纳逻辑系统构造出来。所以，归纳逻辑系统必须以预设演绎逻辑系统为先决条件。这种独特的构思表现在他的公式 $c(h,e)=r$ 之中（e 表示证据，h 表示假说，c 表示确认度，含义为：e 对 h 的 c 值等于 r）。这一公式的奇妙之处在于：归纳逻辑系统的元语言性质定理是通过演绎推理方式获得的。公式中的 e 和 h 属于对象语言，其关系是归纳性的，也即有一种概率值为 r 的归纳过程把 e 和 h 联系在一起。总之，e 和 h 都是综合命题，但 $c(h,e)=r$ 却是分析命题。对这一公式的考察有助于认识演绎推理和归纳推理的关系和区分，进而思考“揭示语境”和“证明语境”的问题：理论的演绎和归纳、自然律、现象定律、假说、观念、概念、同类事实、异类事实等等。在设计形式化逻辑语言过程中，长尔纳普对“逻辑因素”和“经验因素”的处理也相当奇妙，他对 $c(h,e)=r$ 这一公式的解释纳入了人的主观经验因素，也即在证据 e 支持下对假说 h 的确信度（the degree of credence），因而需要为相对于逻辑因素的经验因素规定合理的限制条件。在

① “Lakoff & Johnson（1999）认为，语言哲学从弗雷格开始就起了个坏的开头，到后结构主义时依旧很糟。”出自王寅：《认知语言学与两代认知科学》，《外语学刊》2002年第1期，第11页。

以 w/k 表示逻辑因素的情况下，已观察到 S 数量的个体中有 Sm 数量的 m 性质，则在第 $S+1$ 个 m 性质的个体的可能性估计中加入以 Sm/S 所表示的经验因素，并分别将权重 λ 和 β 赋予 m/k 和 Sm/S:

$$C(Hm, Em)=\frac{\lambda w/k+\beta Sm/S}{\lambda+\beta}$$

若以主观经验接受实例为确信原则，也即“有限实例置信原则”，则 $\beta=S$:

$$C(Hm, Em)=\frac{\lambda w/k+Sm}{\lambda+S}$$

该公式似乎表明，经验因素的权重由客观有限的观察次数所决定，逻辑因素却由人的主观选择所决定，逻辑的客观形式被主观形式所替代。其实不然，逻辑因素的概念和权重是不同的，前者仅仅依赖自然语言的逻辑语义特性，具有客观和理性性质，后者取决于特定归纳法使用主体的经验因素及证实目的，具有主观和实用性质[①]。（张志林，1998：193—201）卡尔纳普关于逻辑语言设想的目的在于将其证实（verification）原则的检验标准予以系统化和形式化。

弗雷格、罗素（B. Russell）、维特根斯坦（L. Wittgenstein）、卡尔纳普等分析哲学家（语言哲学家）关于数理逻辑与自然语言的研究工作在哲学界和语言学界得到广泛的承认，并深刻地

① 张志林：《因果观念与休谟问题》，湖南教育出版社1998年版，第193—201页。

影响了整个20世纪语言学研究的发展方向，尤其是为后来与计算机科学相关的认知科学的形成提供了理论基础。当世界上第一台电子计算机产生后不久，美国语言哲学家乔姆斯基（N. A. Chomsky）开始广泛深入地以逻辑语言描述自然语言，他提出的“转换生成语法”（Transformational Generative Grammar，简称TG理论）成为计算机逻辑语言的基础理论，同时也成为认知心理学的基础理论，其作用远远超越了语言学自身的界限。除演绎性和理性主义之外，TG理论的显著特点是形式化的描写方式，也即对规则的描写尽量避免使用自然语言，而是使用大量的数学研究方法，是介于数学和语言学之间的边缘学科——数理语言学。在TG理论建立过程中，乔姆斯基大量分析歧义句，探讨合格句子生成的可能和不合格句子错误生成的原因及对其限制的规则和参数，从而显示出TG理论强势的解释能力，语言直觉通过数理逻辑公式被逐步推导出来。如果说结构主义语言学于20世纪初的形成与物理学和化学对原子和分子的研究，以及格式塔（完形）心理学（Gestalt psychology）的分析有关，那么TG理论于20世纪中期的诞生则与计算机科学、信息科学、控制科学、数理逻辑，以及认知心理学等学科的发展有关，其标志性特点——“转换”和“生成”两个术语分别来自控制论和逻辑学，同时运用数学模型使结构分析乃至后来的语义分析高度形式化，这就为计算机处理和识别自然语言提供了一定程度的可能性，并且后来也得到了实践检验。TG理论于20世纪80年代初转化成“管辖和约束理论”（goverment and binding theory，简称“管约论”或GB理论），提出了强调语法组合性的规则系统（rule system）和原则系统（system of principles）以及普遍语法（universal grammar）和核心语法（core grammar）。乔姆斯基认为普遍语法是语言（知识系统）和言语（呈现的经验）之间的中介，也即普通语言学理论，而核心语法则是某一具体自然语言的语法，它在普遍语法的基础上以设定和添加参数的方式形成，也即普遍语法与变量值的具体结合体。根据普遍语法最终可以得出某一具体自然语言复杂的性质。对于认知语言学而言，GB 理论的重要意义之一就在于逻辑形式语言的描写方法可以从对象自然语言英语扩展至其他自然语言。当然，在 TG 理论或 GB 理论中，自然语言的句法语义信息无法替代词汇语义信息，“逻辑式”只能表示规则的语义特征，没有其他认知系统的共同作用，“逻辑式”不可能完成语句全部语义信息的表达任务。

20 世纪 70 年代初，美国数理逻辑学家、语言学家蒙塔古（R.Montague）试图从逻辑角度对自然语言进行精确化、形式化的分析并提出描写模式，从而创立“蒙塔古语法”（Montague Grammar，简称 MG 理论）。MG 理论运用数学递归概念和数学模型理论描写自然语言的句法结构，以内涵逻辑为基础描写自然语言的语义表达，形成“句法、翻译和语义”三个组成部分。句法部分包括语类和句法规则，语类确定基本词语的句法范畴，句法规则逐级将基本词语结合成由小至大的短语单位，直至构成句子。句法部分主要解决内涵逻辑结构成分的结合问题，这与当代西方其他语法理论并无本质上的区别；翻译部分是指按一定的翻译规则将句法部分的语言材料翻译成内涵逻辑表达式，最终通过语义规则对句子做出数学模型解释；语义部分规定了相应的语义规则，通过这些规则可以将内涵逻辑表达式在特定模型中的语义所指表达出来。所以，语义部分主要解决语义所指和解释问题，这是 MG 理论的创新之处并区别于其他语言学理论。MG 理论体现了“弗雷格原理”（Frege’s principle）的基本思想，即一个句子的整体意义是其各部分意义和组合方式的一个函数，甚至提出“一个句子的整体结构是其各部分结构和组合方式的一个函数”的观点，将“弗雷格原理”推演至句法部分的结构形式规则。MG 理论包括语类的量化处理、语类的递归性、范畴语法、结构运算函数、内涵逻辑常项、个体集合属性、逻辑义类、集合抽象算子、命题逻辑演绎、模型解释、真值条件语义学（truth-conditional semantics）、模型论语义学（model-theoretic semantics）、可能世界语义学（possible-world semantics）、意义公设等诸多方面，并大量使用数理逻辑符号对自然语言进行高度形式化的描写和分析。MG 理论旨在证明蒙塔古的一个信念，即自然语言与逻辑语言的句法和语义在理论体系上的同一性，而这一目的在某种程度上也达到了。不过还不能因此就说 MG 理论的描写形式完全自如地反映了自然语言丰富和复杂的意义，逻辑语言的高度精确性与自然语言普遍的模糊性、较低的精确性以及较高的直觉判断效率性和可能性在句法、语义及语用方面是否能够达到真正的统一，这仍然是计算语言学中最大的难题。

受 TG 理论和 MG 理论影响的是“广义短语结构语法”（Generalized Phrase Structure Grammar, 简称 GPSG 理论），由英国语言学家加兹达尔（G. Gazdar）、萨格（I. Sag）、克莱因（E. Klein）及美国语言学家普卢姆（G. Pullum）于 20 世纪 80 年代创立。GPSG 理论由“句法规则、特征制约和语义解释”三个部分组成，其中句法规则与 TG 理论一样以树形图表达句子的成分结构，但前者不具有转换性，而是通过元规则（生成规则的规则）生成句法，成分结构呈孤立性，因而被称为“语境自由语法”；特征制约是指对句法范畴内部结构的描写，揭示其句法特征，并通过母范畴、子范畴、主特征、次特征之间的流通扩散，控制句子在语法上的一致关系；语义解释反映了 MG 理论模式中“规则对规则假说”（rule to rule hypothesis）的思想，在描写自然语言句法结构的基础上，对该句法结构同时进行必要的语义解释，其解释程序是首先将句法特征及句法范畴翻译成内涵逻辑表达式，然后再依据 MG 理论模式对这些表达式进行模型论解释。总之，GPSG 理论主要以短语结构规则为基础描写句子的树形结构，继而通过特征系统对树形结构进行制约，使其在整体上正确反映自然语言的现实，同时又对句子树形结构实行特定的语义翻译，使其得到模型论语义解释。GPSG 理论的高度形式化特点表现为纷繁复杂的规则和公式，这恰恰符合计算机的运算原理，因此它受到计算机科学的重视便不足为奇了。

美国语言学家卡普兰（R. Kaplan）在计算机模拟人脑处理自然语言机制方面进行了大量的研究工作，而曾经是乔姆斯基学生的布雷斯南（J. Bresnan）在从事 TG 理论研究的同时，将计算语言学和心理语言学的理论及方法组合起来，既主张对自然语言进行形式化的数学描写，又强调心理机制作用的反映，他的研究成果既源于 TG 理论，又不同于 TG 理论。雷斯南和卡普兰于 20 世纪 80 年代初共同创立“词汇一功能语法”（Lexical-Functional Grammar，简称 LFG 理论），其出发点在于句法映射语义的语法机制和“直接句法编码原则”（The Principle of Direct Syntactic Encoding），因而与 GPSG 理论类似，LFG 理论的成分结构也呈孤立性。LFG 理论主要由词库和引入语义解释机制的句法组成。词库解决的是所有进入成分结构的词汇表达形式问题，包括语法功能的词汇编码、词汇规则和词项输入；句法指的是在成分结构和功能结构两个平面上同时进行的句法描写，包括语法功能的句法编码、成分结构、功能结构、制约成分结构和功能结构的合格性条件、充当成分结构和功能结构中介的功能描写、功能及照应控制理论，等等[①]。LFG 理论同样为计算机处理和识别自然语言所

① 俞如珍、金顺德：《当代西方语法理论》，湖南教育出版社 1994 年版，第 366—474 页；戚雨村：《现代语言学的特点和发展趋势》，上海外语教育出版社 1997 年版，第 122—124 页。

适用，以功能描写为例，其形式化特点使得计算机可以根据功能一致性原则判断句法的合格性条件，也使得计算机在一定程度上检验自然语言的表达方式成为可能。

自然语言的逻辑化和形式化描写在一个世纪前的西方便已形成传统，而近半个世纪以来西方语言学界运用逻辑语言描写自然语言的研究更是呈强势发展，其中乔姆斯基及其 TG 理论成为语言学发展的时代性标志，此后的各种语言学理论，无论是与之相似还是与之相左，都是在这一理论的基础上发展起来的。除了上面介绍的 TG、GB、MG、GPSG、LFG 理论外，生成语义学（Generative Semantics，简称 GS 理论）、关系语法（Relational Grammar，简称 RG 理论）、对弧语法（Arc Pair Grammar，简称 APG 理论）等都不同程度涉及自然语言的形式化描写问题。西方语言学的发展过程与人类认识的发展过程相互印证，并具有内在的必然关联，脱离了同步发展的自然语言认知研究，很难想象计算机科学会取得如此迅速的发展。

目前，自然语言的形式化分析和描写仍需要在理论上进一步探索。形式化如同计算化，取决于先验语言的表述，包括深入的原则陈述、系统的形式化、理性主义重建、新概念和新范畴的不断提出等等。形式化或计算化的目的在于完善逻辑语言对自然语言描写的严格性和精确性，没有先验语言的表述，就谈不上自然语言的形式化和计算化。现代计算机程序一般包括机械模仿和理解力模仿两个因素，其中机械模仿因素远远多于理解力模仿因素，而机械模仿这种模拟技术就是形式化技术，所以任何计算化的自然语言分析都主要依赖逻辑语言对这种分析的表述。自然语言的高度形式化描写对计算机程序的机械模仿至关重要，但这种形式化并非意味着纯粹的形式特征。很多人曾经学习过计算机的 Basic 高级语言，其中逻辑语句“Print x, y, z”发出的是指令信息，它使计算机程序实施“打印 x, y, z”的行为，但该行为操作的依据并非“x, y, z”自身的形式性质，而是“x, y, z”所代表的某些东西的形式性质。因此，计算假说不应该使我们仅仅推导出纯粹的形式特征模仿。再如，逻辑语句“IF X>7 THEN GO TO LINE 30”发出的也是指令信息，它使计算机程序实施“如果 X 的值大于 7，执行第 30 行指令”的行为，其依据条件涉及“X”在该语境中所指数的大小，语义性质成为关键，至于“X”和“7”自身的纯粹形式特征则毫无意义。

计算机程序是否可以成为人类理解力模仿的合适模型呢？这是一个很大的疑问，因为理解力模仿不同于机械模仿，它们之间的区别非常类似自然语言中形式操作与意义操作之间的区别。机械模仿涉及的是形式性质，而理解力模仿涉及的却是准语义性质，这两种模仿方式在计算机程序中往往错综复杂地共存，只是理解力模仿方式还十分薄弱。现阶段计算机以机械模仿为主并通过逻辑语言与人类的自然语言对话，这可以被视为计算机在某种程度上理解和识别自然语言，但还远远不够。现代逻辑学家对自然语言逻辑关系的句法和语义特征做出了区分，而对于逻辑形式化观念而言，表示句法和语义特征的逻辑语言（或元语言）孤立于感性意识，忽视或排除了意向意义、真值条件以及双语对译的等值性等复杂的直觉智力操作，自然语言表述的非常规推理和各种预设知识无法进入计算机程序，这在很大程度上限制了计算机对自然语言的理解和识别。即使是具有操作可能性的“形式语义学”或“纯语义学”，也无法解决人类计算所涉及的语境规约意义。“由于现代计算概念是一个非常有成效的新概念，与新技术的发展关系密切，因而在取自其他领域的旧有区分的框架（如形式和内容、句法和语义之间的区分）内不能把握它，我们对此完全不应该感到惊奇……人们至少在原则上能够区别神经元变形的生理形态和计算功能，也能够区别机械模拟提供类比的那些计算功能活动和理解力模拟提供类比的那些功能活动，包括内心表示。”①

四、结语

爱因斯坦（A. Einstein）有一个著名的基于开放系统的 $E=mc^2$ 公式，表示能量和物质可以相互转换，原子爆炸证实了这一演绎推理，与封闭性的转移（transfer）不同，开放系统可以转变（transform）。从对后现代语言学研究的隐喻角度以及语言事实性的系统自身角度看，意向性是人性的主要部分，也即人类从精神和物质生活中获取意义的方式，而人类及其言语行为的开放性与意向的终结性表现出其自身的悖论，它们在意识和生物等多种层面上进行复杂的相互作用并导致发生转变。在这一转变的语境中考察人类的言语活动，其交流性和目标性在与其他系统的类比中更为明显。关于语言系统和言语系统的封闭性和开放性二元论势必引发界定方式的再认识，并促进二元论认识方式的转变，从而设立新的复杂层面和平台以使封闭性和开放性相互依存。人类个体的基本行为、记忆、感觉保持着所谓“一体的图式连续性”②。在一种层面上，人脑是“混乱的”，而在另一种层面上，人脑则具有非常复杂的模式，两个层面彼此不能相互取代，也不能相互简化，而是相互补充，处于统合状态。“被誉为‘电子计算机之父’的冯·诺依曼（John von Neuman）1955 年指出，人脑的精确度极低，只相当于十进位制数字的二三位，然而它的效

① L.科恩：《理性的对话：分析哲学的分析》，邱仁宗译，社会科学文献出版社 1998 年版，第 228—256 页。

② P. Weiss, The Living System. In A. Koestler & J. Smythies (Eds.). Beyond Reductionism: New Perspectives In the Life Sciences, Macmillan, 1970, p.213.

率和可靠程度却很高。”[①] 与人脑复杂的结构相适应的自然语言形式化研究必须考虑等级序列性、统一和互补的功能化及模式确认等。E. Mayr 指出：“新实体在更高的整合水平上予以组合时，不是新实体的所有特点都是其构成特点的逻辑的或可预测的结果。”[②] 帕蒂（H. Pattee）也曾经说过：“生物组织……具有无限的能力用以演变新功能以及新的控制等级水平，同时在每一水平上保持相对固定的基本构成。”[③] 就语言学话语而言，言语行为各种功能之间的转化并不明显，但却具有神奇的力量，其事实依据在于生命系统与活动环境之间所保持的平衡状态，至于该平衡状态如何反映并运算，这是认知科学、认知语言学和计算语言学面临的最大挑战，其中涉及乔姆斯基提出的语言能力和语言行为以及他后来又提出的语法能力（grammatical competence）和语用能力（pragmatic competence）等问题。同时需要指出的是，人脑中储存的自然语言不仅仅意味着完整的一套词汇、语法以及习得的“开放观”，自然语言的完整存在是另一种意义上的事实。这种完整存在的自然语言正在被科学的自我意识和主导的逻辑语言所分解，并将其置于研究对象的地位，但科学的自我意识和主导的逻辑语言自身同时又是由自然语言建构而成的事实，这种情况使得我们很难单纯从工具意义上看待自然语言。

基于“体验哲学”（Embodied Philosophy）的所谓“第二代认知科学”理论对计算机理解和识别自然语言的现实应用还有待于进一步探索。但愿其创立者莱考夫（G. Lakoff）等哲学家和认知语言学家不再重复生成语义学的“一次革命”历史，而是真正实现“对乔姆斯基革命的二次革命”，人类认识的发展过程也需

---

① 伍铁平：《模糊语言学》，上海外语教育出版社 1999 年版，第 25—26 页。

② E. Mayr, Toward a New Philosophy of Biology: Observations of An Evolutionist, Harvard University Press, 1988, p.34.

③ H. Pattee, Hierarchy Theory, Princeton University Press, 1973, pp.106-107.

要“二次革命”成功。如果所谓的“第一代认知科学”与所谓的“第二代认知科学”之间形成俄罗斯文学史上白银时代的象征主义与阿克梅主义之间的那种关系，那也只能令人遗憾了。

（原载《外语与外语教学》2003 年第 3 期）

Вопросы лингвосемантики и формализации речевого мышления

1. Введение

Язык—это структурная система знаний (информации), основанная на общей биологии и психологии человека, что определяет методологию лингвистического исследования языковых знаков. В системе этих знаков модель дедукции теснейшим образом связана со значением языка, служащим в обычном понимании инструментом для передачи информации. Отсюда и вопрос функции языка, отражаемой структурой и формой языка и в свете которой язык может быть понят надлежащим образом. Поскольку изучение значения языка до сих пор остаётся не совсем разрешённым вопросом, оно всё же мешает лингвистике стать полноценной «строгой наукой» за исключением высокой степени строгости языковых звуков и форм. Почти во всех естественных языках мира для обозначения содержания языковых выражений существует не один, а два концепта «значение» и «смысл», соответствующие двум ипостасям сущности, которая нерасчленённо обозначается как «содержание» языкового выражения или «информация», пе-

педаваемая этим выражением[1]. В этом контексте лингвисты сталкиваются с традиционным вопросом в философии—язык и мышление человека.

2. Логический язык и формализация естественного языка

Если возвести значение языка в ранг центрального концепта лингвистики, то необходимо всесторонне его описать, не субъективным образом, а объективным, со всей строгостью научности. Эта работа давно началась иразвернулась в настоящее время, но она настолько сложная, что требует серьёзных исследований и огромных усилий. При этом методология занимает чрезвычайно важное место.

Ещё в 17—18 вв. Лейбниц (G. W. Leibniz) уже сомневался в атрибуте естественного языка, от которого не выходят совершенно ясная концепция, точное предвычисление и теоретизирование для философии в связи с его национальностью, региональностью, неточностью и иррегулярностью. Этот немецкий философ выступил за замену естественного языка логическим в философском контексте. Хотя его эта идея не полностью осуществилась, но она как-никак показала интеллектуальное познание естественного языка человеком. Различие между логическими структурами человеческого мозга и компьютера, носителями которых являются языковые формы, заключается именно в

① И. Кобозева, Две ипостаси содержания речи: значение и смысл. Язык о языке: сб. статей под общ. рук. и ред. Н. Арутюновой, М., Изд-во «Языки русской культуры», 2000, с. 303.

существенном различии между естественным языком и искусственным языком. Хотя эти два языка в общем имеют при себе ту или иную логическую структуру, но для последнего характерна точная логическая структура. Таким образом, средством коммуникации между человеческим мозгом и компьютером может служить только логический язык, а не естественный. Компьютер принимает только высокоформализованный язык за исключением коренного изменения концепции компьютерного проектирования.

То, что человеческое мышление рассматривается как процесс вычисления, является гипотезой, выдвинутой современной психологией. Когнитивная наука считает логической операцией знаний человеческое познание, т. е. человеческое мышление—это и есть компьютация. Для языкового или речевого понимания нужны не только такие лингвистические знания как синтаксические, семантические и т. д., но и другие необходимые знания человеческого мира. Если эти знания будут формализованы в виде системы знакового выражения, т. е. ограниченной и согласованной совокупности пропозиций, тогда в качестве когнитивного процесса естественной и рациональной экстенсивностью когнитивного исследования языка является компьютабельный анализ языка. И так, логически формализованное и компьютабельное выражение правилестественного языка становится очередным шагом для исследования понимания и познания естественного языка, характерного для компьютации. При этом когнитивная наука, в центре внимания которой находится мыслительное выражение и его компьютация, стремится к материальному воплощению человеческого интеллекта, что в конце концов приведёт лингвистику к сфере естественных наук.

В последние 50 лет исследование формализации естественного языка получило важное развитие, концепция и методология научной лингвистики постепенно формируются, полученные результаты уже признаны и приняты компьютерной наукой, что становится фундаментальной теорией логической лингвистики для компьютации.

Исследование формализации естественного языка затрагивает вопрос структуры вычислительной способности интеллектуальной деятельности человека. В процессе глубокого исследования понимания и познания естественного языка, характерного для компьютации, проблема, предстоящая человеку, переходит от «мыслит ли компьютер» к «вычисляет ли человеческий мозг». Если же суть человеческого мозга заключается в компьютации, что идентифицировано в смысле научной методологии, то вопрос понимания и познания естественного языка, связанный с памятью, восприятием, ощущением, сознанием, понятием человека, стал бы предметом исследования компьютерного программирования, и с помощью информационной обработки рекурсивности, комбинации, категоризации и т. д. выявляется мыслительный процесс. Техника компьютабельности естественного языка прилагает усилие к созданию выполняемого программирования взамен обычной интерпретации обыденной речи. Так что это и есть техника логической формализации естественного языка.

Для формального анализа естественного языка требуется дальнейшее теоретическое прослеживание. Формализация, подобная компьютации, зависит от априорного языка, т. е. глубокой формулировки принципов, систематизации, непрестанного выдвижения новых концептов и категорий и т. д. Цель формализации или компьютации заключается в строгости и точности описанияестественного языка логическим языком и усовершенствовании этого процесса. Современное компьютерное программирование включает в себя обычно два фактора—машинное эмулирование и эмулирование соображения, при этом первый фактор, представляющий собой технику формализации, пока намного превышает второй. Любой компьютабельный анализ естественного языка в основном зависит от логического выражения этого анализа. В настоящее время высокоформализованное описание естественного языка крайне необходимо для машинного эмулирования компьютерного программирования.

То, что станет ли предстоящая компьютерная запрограммированность подходящей моделью эмулирования соображения человека, остаётся сомнением. Эмулирование соображения отличается от машинного, их различие очень похоже на на различие между формальным оперированием и смысловым оперированием в естественном языке. Машинное эмулирование имеет формальный характер, а эмулирование соображения—квазисемантический. Эти два типа эмулирования обычно смешанно сосуществуют в компьютерном программировании, но эмулирование соображения всё ещё очень слабое. Нынче компьютер, в большинстве случаев основанный на машинном эмулировании, посредством логического языка ведёт диалог с естественным языком человека, что рассматривается как компьютерное понимание и познание естественного языка человека в некоторой степени. К сожалению, на этом далеко не уедешь. Современные логики разграничили особенности и свойства синтаксиса и семантики в логических отношениях, но для концепции логической формализации пока имеющийся логический язык (метаязык или искусственный язык), обозначающий синтаксические и семантические особенности и свойства естественного языка, изолирован от чувственного сознания, игнорирует или исключает интенциональное значение, условие истинности, эквивалентность в двуязычном переводе и тому подобное сложное интуитивное интеллектуальное оперирование человека, в результате чего многие факторы естественного языка, такие, как пресуппозиционные знания, неконвенциональные предположения и т. д., не могут включиться в компьютерное программирование, что в большойстепени ограничивает компьютерное понимание и познание естественного языка.

3. Формальная семантика и «формализованная семантика»

Одна из главных задач лингвистического исследования—это выделить общее для всех естественных языков ядро и построить на этой основе «естественный семантический язык».

А «общее ядро всех языков может рассматриваться как множество изоморфных мини-языков, которые могут быть использованы как лингвоспецифичные версии одного и того же универсального Естественного Семантического Метаязыка (ЕСМ) »[①]. Однако, «за время, прошедшее с начала зарождения теории ЕСМ в середине 60-х годов, её основные допущения и цели остались неизменными: поиски универсальных семантических элементов, отказ от искусственных «признаков» и «маркеров», неприятие логических систем репрезентации значения»[②].

При этом остаётся и сомнение: без логических систем репрезентации значения языка может ли быть научная лингвистическая семантика или когнитивная семантика, особенно характерная для восприятия компьютера—скажем, «второго мозга человека» (а не экстенсивности этого мозга!)? Традиционное базиское рассмотрение проблемы «язык и мышление» предполагает, прежде всего, выяснение его различных основных и вспомогательных функций в получении и выражении знания. В этом случае на первый план выходят вопросы терминов когнитивной теории, отношения чувственного опыта к эмпирическим понятиям, выявления способов и предназначений в употреблении языка, в частности, для передачи информации (коммуникации), эмоций, выражения не только индивидуального, но и общего знания, социальных функций—ведения дел с внешним миром посредством знаков, наконец, осуществления самого мышления. Всякое человеческое мыш-

① А. Вежбицкая, Семантические универсалии и описание языков, пер. с англ. А. Шмелёва, под ред. Т. Булыгиной, М., Изд-во «Языки русской культуры», 1999, с. 29.

② А. Вежбицкая, Семантические универсалии и описание языков, с. 39.

ление отталкивается от опыта и возвращается к нему. Это справедливо даже относительно математики, хотя и в особом смысле. Вопрос в том только, с какого рода опытом человек сталкивается в науке или других видах деятельности. Что касается лингвистики, то свойственный ей опыт носит на первый взгляд парадоксальный характер—это «опыт мышления». В когнитивной теории принято различать мышление и опыт, идею и факт. Лингвистика, как всем известно, есть «мышление о форме мышления», или «мышление второго порядка». Так что в лингвистике данные опыта уже есть мысли. С точки зрения всецелостной относительности факт—это мысль, вырванная из контекста её возникновения, т. е. обоснования, и представленная в виде обособленной единичности, наподобие обычной вещи, с которой человек сталкивается на каждом шагу в обыденной жизни. Отвещественная идея и есть факт. В лингвистике, как и в науке, существует различие между опытом и мышлением, фактами и объясняющей теорией, но это различие заключается в стихии самого мышления, внутри мышления и для него действует. Факт—это всего лишь законченная мысль, как бы затвердевшая в виде определённой сентенции, т. е. это всегда прошлая мысль, мысль изреченная и потерявшая способность самодвижения.

Следовательно, в естественной науке мысль движется от незнания к знанию, и новое знание добавляется к прежнему, а в лингвистической науке задача заключается в том, чтобы развить, углубить, расширить и систематизировать знание уже имеющееся, но пребывающее в самом жалком виде спутанных и разношерстных, смутно понимаемых и дурно сформулированных мыслей или фактов. Отсюда и полная относительность различия между опытом и теорией, фактической данностью и интеллектуальной конструкцией, призванной прояснить и упорядочить опыт. Конечно, и немудрено, что теория сама становится опытом, как только получает относительное завершение и превращается в исходный материал для новых усилий лингвистической мысли. Лингвистика формулирует парадигму языкого развития, не выдумывая из себя, но отыскивая и анализируя уже сложившиеся, готовые формы высшего и низшего и устанавливая между ними связь, которая, как правило, скрыта от глаз самого субьекта речевой деятельности.

И так, элементы «научности» и «теоретичности» лингвистики часто выступают, по существу, в функции собственно научного лингвистического, исторического знания, но со своими правилами и типом языковых игр и способами легитимации, отличными от естественных наук. Это должно найти своё выражение в критериях оценки «научности» и признании её различных типов. Однако, это вовсе не означает, «что филология, история, историографиякультуры и другие близкие к ним науки не могут развиваться под сенью идеалов “научности” и объективности естественного—научного и тем более формализованного знания»[1]. Очевидно, что подобное мнение или определение пока господствует в сфере почти всех гуманитарных наук, для которых характерна традиционная субъективность

① Л. Микешина, Философия познания. М., Изд-во «Прогресс-Традиция», 2002, с. 499.

как в прошлом так и в настоящее время, и, кажется, в обозримом будущем. Но человеком ещё не совсем забыто, какая была субъективность в естественных науках в не так далёком прошлом.

В течение нескольких последних десятилетий желание лингвистов основать лингвистику как науку становится всё сильнее. Такое желание было у американского лингвиста Блумфилда (L. Bloomfield) , которого затруднила проблема «значение не может изучаться с той же степенью строгости, как языковые звуки и формы», в результате чего создавалась так называемая «лингвистика без значения», т. е. значение лежит вне сферы научного исследования, и определение разных значений является уязвимым звеном в науке о языке.

Лингвистику из такого положения вывела когнитивная наука, благодаря которой традиционная проблема мышления и значения вновь стала центральным предметом интереса философии вообще и лингвистики в частности. Она, наконец, вошла в ранг центрального концепта психологии. Спознавлением генеративной грамматики Хомского (N. Chomsky) лингвистический подход, связанный с формальными системами, обратил на себя небывалое внимание учёных во многих научных сферах. Эта грамматика впервые по-серьёзному заговорила о процессе порождения речи и его механизмах. В структуре языка она особо выделила роль грамматического строя или, точнее, синтаксиса, разгадав в нём особого рода автоматическое устройство, способное порождать предложения из лексических единиц. То, что генеративная грамматика отделяет синтаксис от семантики и языковую способность от внешних когнитивных способностей, это, конечно, её естественная погрешность, но не столько страшная, так как она с небывалой силой побудила лингвистический круг к заполнению семантической пустоты, образованной так называемым «синтаксическим фундаментализмом хомскианской грамматики».

Безусловно, семантическая пустота не была заполнена и так называемой «формальной семантикой» или «теоретико-модельной семантикой». Такая семантика стремится переводить определённые типы предложений в форму логического исчисления и интересуется логическими свойствами предложений, что чётко показано в «грамматике Монтегю» (Montague grammar) . Несомненно и то, что без изучения значения языка невозможно исследование мышления человека, а без исследования концептуальных структур мышления человека также невозможно и изучение значения языка. Но вопрос формализации всё равно приводит к вопросу научности, что является большой заслугой в лингвистической науке.

Теперь актуальной задачей лингвистического исследования является то, что акцент стал бы перемещаться от «формальной семантики» к «формализованной семантике». Это, конечно, довольно сложная задача. «формальная семантика» и «формализованная семантика»—это глубоко различные вещи. Ключевым фактором, участвующим в названном сдвиге, является введение компьютации как господствующей метафоры и компьютабельности как необходимого свойства современной теоретической модели. Обработка информации компьютации связана со значением языка в самом широком смысле. В «формализованной семантике», сопровождаемой динамическим развитием функциональной лингвистики, когнитивной лингвистики, прагматики и т. д., необходимо и неизбежно разрешение вопроса формализации естественного языка и его значения, основанных на чистой логике, без вмешательства чего бы то ни было столь же путаного, как двусмысленность и интенциональность в речевом общении человека, т. е. разрешение вопроса формализации речевого мышления человека. Это кажется не выполняемой задачей, но в лингвистической науке стремление и приближение к этой цели должно быть допущено и в определённой степени возможно.

Следует особо заметить, чтобы приспособить логический язык ко всестороннему описанию и выражению значения естественного языка, понадобится многовековая работа грамматиков и логиков, после чего он превращается в «символизм», допускающий автоматичесое манипулирование своими элементами, но именно потому, что эти элементы—функции, заранее созданные для такой цели.

4. Заключение

С точки зрения метафоры лингвистического исследования постмодернизма и самой системы фактов в естественном языке можно прийти к выводу, что интенциональность—главная часть человеческой сущности, что объясняется формой и средством приобретения значения человеком в нравственной и материальной жизни. А человек и открытость его речевого акта, а также финальность его интециональности, обнаруживают свою антиномию, они во многих аспектах—сознательном и биотическом—оказывают сложное взаимодействие и вызывают транзицию. В ситуации этой транзиции при исследовании речевой деятельности человека коммуникативность и интенциональность более эксплицитны по сравнению с другими системами. Дуализм «замкнутость языковой системы и открытость речевой системы» неизбежно приведёт к пересмыслению средства определения речевой деятельности человека и способствует инверсии формы познания дуализма, отчего выходят новая платформа, на которой замкнутость языка и открытость речи взаимозависимы друг от друга. Основная речевая деятельность, память, чувство и сознание человека соблюдают так называемую «одноблочную картинную последовательность». С одной стороны человеческий мозг—«хаотический», но с другой стороны он—совершенно точный и представляющий собой весьма сложную модель. Эти две стороны не могут заменить одну другой и не могут друг друга упростить, а взаимно дополняют, находятся в одном единстве. Для формализованного исследования естественного языка, соответствующего сложной структуре и модели человеческого мозга, необходимо учитывать факторы градации шкалы, функциональности единства и взаимодополнения, а также определённого моделирования и т. д. Всё это не позволяет лингвистам рассматривать естественный язык человека только в смысле орудия или инструмента для передачи информации. Исследование формализации естественного языка человека—значит исследование формы жизненного уклада и формы мышления человека, что никак не должно выпасть из поля зрения серьёзных лингвистов.

（原载《Вестник Кемеровского государственного университета культуры и искусств》2011, выпуск № 2）

语言哲学理论之语言学范式及语言三维空间问题

斯捷潘诺夫（Ю. С. Степанов）所著《现代语言哲学的语言与方法》[①]（Ю. С. Степанов, «Язык и метод. К современной философии языка» М., «Языки русской культуры» 1995）是一部长达 767 页的语言哲学巨著，它不仅在语言哲学理论的历史卷宗中将语言学研究的基本线索延伸至今，而且也展现了斯捷潘诺夫这位俄罗斯学者深厚和渊博的学识和思想。这部语言哲学著作的第一部分主要分析和阐述了语言学范式及语言三维空间问题。

现代语言学，尤其符号学，在语义学、句法学和语用学这三个维度上对语言进行描写。语言的三维性本身就是语言哲学所研究的基本问题。根据某一时期对某一维度的侧重，语言哲学分别采用的是语义方法、句法方法和语用方法，并成为语言哲学的“类型”或“范式”。

所谓“范式”，指的是某一特定时期居于主导地位的语言观，与一定的哲学流派和艺术流派相联系，而且恰恰就是以这样的方式，即用哲学原理解释最普遍的语言规则，而反过来又用语言材料解决某些（通常只是个别的一些）哲学问题。

语言哲学的“范式”并非表示哲学的学派或流派，而是某些

① 详见作者所译《现代语言哲学的语言与方法》，北京大学出版社 2011 年版。

语言观的名称，尽管与某些哲学流派相联系。“语言哲学”形成于 18 世纪末 19 世纪初，用以表示语言机制的最普遍原则。直到今天，无论在俄语中还是在西欧语言中，语言哲学在语言学界仍然很流行，意指“语言学中的哲学问题”和“与语言有关的哲学问题”。

斯捷潘诺夫的《现代语言哲学之语言与方法》在上述意义上划分出 3 种“范式”：1. 语义范式（其中“语言哲学”被归结为“名称哲学”）；2. 句法范式（“语言哲学”被归结为“谓词哲学”）；3. 语用范式（“语言哲学”被归结为“自我中心词哲学”）。

一、语义范式问题

语言学中的语义学出自语言哲学中的“意义理论”，很多语言哲学的基础性论断就是关于名称与其所指物之间的关系问题，因而名称哲学位于“纯语义”研究的高端。在文献记载上，欧洲的名称哲学可以追溯到赫拉克利特（约公元前 544 年—前 540 年）时期，在他那里可以找到关于逻各斯的学说。根据赫拉克利特的观点，万物生成变化的根据在于“真正的话语”或规律，哲学的任务就是揭示这种规律。作为公认的科学范式和体系，名称哲学则始于柏拉图和亚里士多德。在俄罗斯的语言哲学传统中，洛谢夫（А. Ф. Лосев）的著作《名称哲学》（1927）确立了“名称哲学”这一术语。

名称哲学中的语言观符合对世界基本认识中的某些常项，即把世界看成是分布在空空荡荡的空间中的“事物”总和。对“空空荡荡的空间”或独立于“事物”的“地点”的认识，在某种意义上一直居于主导地位，这种情况直到 19 世纪末 20 世纪初新物理观和相对论的出现。“事物”处于空空荡荡的“空间”或“地点”，总是可以获得“名称”。“名称”不仅与“事物”相关联，而且与其本质相关联。语言因此被视为“事物名称”的总和，从而开辟了一条通往本质的认识之路。

在名称哲学范式中，斯捷潘诺夫着重指出使其成为范式的三个基本特点，并分析了这些特点。第一，名称的概念作为其初始点；第二，名称哲学同样也是实体哲学，实体的概念凌驾于所有概念之上；第三，实体就是指与之相符的名称的深层结构，这就意味着名称哲学本身最终也具有等级结构，名称和实体的概念伴随着等级的概念。

语言哲学问题与其说是名称问题，不如说是用名称得以实现的过程和关系问题，即命名。名称是对事物的命名，同时也表达事物的概念。但名称是否因此就成为“概念的名称”呢？对命名的这种广义理解自有其根据，或许命名的本质恰恰就在于与所指事物和事物概念的双重关系之中。对名称的早期哲学思考正是沿此方向进行的，柏拉图的名称哲学即是如此。中世纪的经院哲学中就已经意识到：“命名唯一的东西，而意谓一般的东西”，这就区分了一般名称和个体名称。自弗雷格开始，名词，首先是普通名词，作为函项概念的这一特点就在数理逻辑中得以概括和总结。

普通名词迄今仍是一个有待解决的问题，同时也是一个心理学问题和逻辑学问题，即“普通名词如何可能？”这一问题也与专有名词有关，随之也成为一个一般性问题，即“名词如何可能？”一般概念和名称是如何通过人类经验的重复，从个别的感知和命名中提取出来的？在发达的语言中，无论是自然语言，还是人工语言，任何一类表达式都可以通过特殊的转换，即所谓的称名化，转化为名词，例如 бежать → бег，больше, чем → тот факт, что больше, чем，В комнате холодно → В комнате холод，красный → краснота... 甚至句子：Я опаздываю → Тот факт, что я опаздываю... 或 То, что я опаздываю... 这种转换可以产生二阶、三阶、四阶等名词，例如 здоровый[1] → здоровье[2] → оздаравливать[3] → оздаравливаемый[4] → оздаравливаемость[5]，其中 оздаравливаемость 可以被视为“五阶名词”，也即五次转换的结果。然而，本义上的名词并不是任何转换的结果，而是直接对事物命名，也即“原始”或“基本”名词。

没有人可以否认在实体（事物）和主体（主词）之间存在着某种联系或对应关系。但仍然不能消除一个问题：一些现象在任何一种语言中都总是倾向于自然和优先地由谓词来表达，而另一些现象也同样总是倾向于自然和优先地由谓词的参与者名词来表达。这两种现象之间是否存在某种语言外的、客观的、本体论的区别？命名最终作为“事物”“性质（属性）”和“关系”之间的区别问题重新呈现出来。

无论如何，与谓词概念和关系概念不同，名称是事物的名称，而命名则是名称与所指物、实体及其“本质”（概念、观念）相关的概念，也是在阐释与语言相关的哲学问题时必不可少的概念，这一概念在名称哲学中产生和全面形成，并且只有在该范式的背景中清楚认识这一概念之后，才能明白为什么后来与其对立的“谓词哲学”范式摒弃了名称、实体及关于事物本身的概念，并首先进入实体范畴。

尽管亚里士多德在不同的论著中对范畴的解释有些不同，甚至出现了某些矛盾，但他的逻辑—语言学观点仍是一个统一的整体。作为名称哲学的基本术语，实体在亚里士多德《范畴篇》中的意思是：1. 实体独立存在；2. 在事物不同的可变性质方面，实体是其基础，是恒常的东西，是基质；3. 在语言中，实体或基质就是语法主体；4. 在思想中，实体就是单纯直言判断的主体。

在经院哲学中，“名称”在所有的逻辑—语言学问题中都占主要地位。名称哲学提出并解决命名、名称和事物的关系、名称和事物概念的关系、一般名称和个体名称的关系以及一般名称表达什么，是表达客观实在，还是只表达观念等等这些问题，归根结底所有主要的问题都是语义学问题。名称哲学表现出两个主要特点：1. 名称是实体的学说，2. 名称具有等级。此外，名称还表现出第三个特点：共相。中世纪名称哲学的所有术语和问题都集中到共相这一问题上。几百年来学者们一直对共相争论不休，经院哲学家们在争论中确立了三个主要观点：1. 实在论认为共相，也就是种属，作为实在的实体，类似于柏拉图的理念，“在事物之前”（ante rem）就存在；2. 唯名论则认为种属只是作为一般名称（nomina）在“事物之后”（post rem）存在；3. 观念论认为种属作为事物的本质，存在于“事物之中”（in re）。

共相问题是理解中世纪名称哲学的基础，但仅凭这一基础还是不够的。指代问题同样重要。拉丁语中的指代（suppositio）表示“词的替换”（“在语句中的替换”）。指代学说在亚里士多德之后开始发展起来，并且在中世纪经院哲学的名称哲学中占据中心地位。按照中世纪的分类，它属于“后范畴”（postpredicamenta），是逻辑的一部分。在尚没有出现语言的句法学这一维度时，指代学说是基于仅有的语义学来处理句法问题的尝试，它可以表明，从语义出发能够在多大的程度上深入到句法问题中去。应该看到，指代学说引导出元描写或元语言的符号学研究方法。为了描写语言 L，就需要另外一种语言 L_m，即元语言，这就是元描写方法的开始。早期经院哲学关于指代的阐述通常就已经伴随着种与属的实在性的讨论，而这恰恰是“唯实论”和“唯名论”问题，因此从现代观点来看，它们属于“元逻辑”和“元语言”问题。

著名的“奥卡姆之树”将指代分为三部分：1. 物质指代

（materials），2. 简单指代（simplex），3. 个人指代（personalis）。其中“物质指代”就是名词对其自身的替换，这种替换不是它所表示的东西，而是它的书写或声音符号，而“简单指代”则是对内心所思内容的替换，由于他在此使用了“理性意向”，所以该意义模式完全可以与胡塞尔现象学中的“意向研究”相提并论，例如“人是属”（对人的指代）。至于“个人指代”，指的是词替换其所表示的对象，无论这一对象是头脑以外的事物，是声音符号，还是内心所思的观念，例如“每一个人都是动物”。奥卡姆的指代学说继承的是形而上学路线，并且变动很大，从而开辟了一个实质上全新的时代，即分析语言哲学时代，形成谓词哲学范式。

洛谢夫在《名称哲学》中辩证和动态地将实体的因素看作是“产物”，这比20世纪的“生成主义”早了40年，在他看来，只有含义是存在，而“别的东西”都不是存在。含义与“别的东西”相对立，“别的东西”是含义的外化、界限和外形，含义经过不同的层级得以外化，而不存在的东西与这些层级相对应，获得意义，并且同时也获得存在。所有这些等级层级，就像在柏拉图那里统一经由理性和灵魂到达宇宙一样，都是语词、名称的不同层级。在第一层级上，是非生命的事物；在第二层级上，是有机物的开始、植物、然后是动物；再接下来是“智力的名称”，即人类的意识；最后是“超智力的名称”，即意识者本身。在名称的实物结构问题上，洛谢夫分析了五个层级或者形式：1. 格局（试比较现代概念“语词结构”）；2. 普通概念或词素（试比较语词的词根和词缀）；3. 狭义上的形式；4. 象征；5. 神话。这里所说的形式是语词完整的含义统一体，可就其本身进行分析。洛谢夫最后引入了逻各斯概念，并与形式进行了比较：如果形式是含义的客观实在，那么逻各斯就是形式本身的实体，是它的抽象、概念、可罗列特征的总和、结构以及对待实体的方式方法，这在俄罗斯象征主义作品的文本中得到非常具体和细致的体现。

二、句法范式问题

新的语言句法图式在19—20世纪之交形成，这一图式首先符合对世界的新的物理认识。根据爱因斯坦的相对论（《狭义相对论》，1905），空间和时间统一在物质存在的形式之中，即时空统一。每一个事件都由三维空间和一维时间来界定，也即所有事件的集合都具有四维性。在新的语言句法图式中，作为事实命题的核心，谓词概念的实质内容包含着同样的四维，也就意味着对参照系的依赖。作为参照系的坐标，说话者本人在该阶段不能被看成是个体的人，而是作为隐性存在的普遍的语言使用者。只有在“自我中心词哲学范式”中，说话者个体才被单独标记出来，并成为其基础。

在新的语言句法图式中，世界不是由散布在空荡荡的空间里的“事物”构成，而是由“事实”或“事件”构成；每一个事件都是用“原子”句来描写的，这种描写是客观的，与模态和可能性等无关，也即一般来说与观察者或说话人的态度无关。命题句和“事实”的描写由用来填充谓词中规定好位置的谓词和名称（词项）构建，谓词不是与“事物”相对应，而是与“事物”之间的关系相对应，与此同时谓词不对这些关系命名。

同时，名称哲学的核心概念发生了变化，“实体”最具有语义性，更确切地说，在亚里士多德确立的所有范畴中，唯独“实体”具有语义性，只有“实体”，也即事物，可以用语词加以命名，而且只有把语义定义为语言符号与外部世界对象之间的关系，才可以更好地研究“实体”（事物）与语词的关系。如果“实体”在哲学范畴中最具有语义性，那么名称在语言范畴中则最具有语义性。

“谓词哲学”对语义持某种怀疑态度。尽管谓词无疑与语言外的某种东西有关，但谓词不对语言外的某种东西命名。例如，不能说在 Я – здесь 这个俄语句子中（或英语的 I am here），здесь，here 或整个谓词 – здесь，– am here 是“地点的名称”，尽管谓词在该句中是地点谓词。谓词本身也并非由语言中的语词命名，不可能说здесь或here是对谓词的命名。名称特有的“语义三角”，即“事物—其名称（语词）—其概念”，一方面用于谓词时仍然继续存在，因为存在着三个要素：语言外客观世界中的某种东西（事物之间的关系）、语言中的某种东西（客观关系的语言表达式）和同时与第一个要素和第二个要素相对应的某种思维实体。但是，另一方面，这个“语义三角”似乎坍塌了，因为第一个要素不是“事物”，第二个要素不是“语词”，而第三个要素也不是“概念”。谓词之间的关系是特殊的思维单位，是其在语言外部世界中的客观对应物及其语言表达式之间的关系，这种关系基本上具有另外一种性质，引入其自身领域中的不仅仅是语义，甚至主要不是语义，而是句法。所以，谓词概念导向的是句法领域。

丘奇（A. Church）在《数理逻辑导论》中指出：“……指称和意义的归属可以通过建立抽象的对应关系来实现，所以对这些归属的研究与理论句法有关。当我们通过标记对系统的某个具体解释来处理关于正确构建起来的公式的内容这一问题时，语义学就出现了。语义和句法的区别表现在某个具体解释及该解释所规定的指称和意义对正确构建起来的公式的归属所赋予的特殊意义上。然而，在包含纯句法和纯语义的形式逻辑范围内，关于该特殊意义，除了假定它是特殊的，也不能说明什么。”①

① А. Черч, Введение в математическую логику, Пер. с англ., М., Издательство иностранной литературы, 1960, т. 1. с. 383.

迄今为止，逻辑都是研究一般性的语言问题，但是新的语言哲学范式刚从逻辑转向自然语言，就出现了“一种对体系的具体解释”，也即对自然语言的具体解释，语义学开始与句法学结合起来，与“纯语形学”结合起来。包括卡尔纳普的形式句法在内，句法学的发展与深藏于语义学之中的谓词的发现相关。谓词概念本身引出了世界上的“事实”具有普遍联系以及与语言中的“表达式”之间具有联系这一思想。

谓词就是一般意义上的命题函项，例如，“— есть учитель”这一表达式就是谓词，也即命题函项，在该情形下取决于其中的一个变项（变项在这里用破折号表示）。根据谓词包括的变项的数量，可以对谓词进行分类：

一元谓词：“x—желтый”，“x бежит\[x 在跑 \]”（Лимон—желтый; Ваня бежит）;

二元谓词：“x читает y”（Ваня читает книгу）;

三元谓词：“x даёт y z-y”（Ваня дает книгу Маше）;

四元谓词：“x дает y z-y за w”（Ваня дает деньги Маше за книгу），等等。

在形式化语言中，谓词一般都是 n 元关系，按照一定的序列提取出来“n 个”事物（项）。对命题函项（或谓词）进行的语言学描写就表现为“句子类型”“句子模式”“句子结构”，用常项（名称）替换变项可以把命题函项变成句子，例如：Мой брат—учитель. 谓词和命题函项具有同一性。谓词通常被定义为最一般的形式，不对变项进行描述，而命题函项则被定义为谓词以及对变项的某种描述，即其“辖域”。这种重合的基础就包含在语言自身之中，就在句子谓词和主词的“语义一致关系”现象之中。

作为范畴并与整个句子（而不是与其某个部分）的构建相关

联，对谓词不应该采用对比成分分析方法。谓词的语义分析给语义学理论带来根本上的变化。在逻辑实证主义的框架下，艾耶尔提出了“意义的非对比理论”。根据该理论，谓词语义范畴属于“抽象的禁忌层面”，对比原则对其不具有效力，尤其是处于“语义非对比层面”的范畴项，它们相互之间不构成对比，诸如“一般的存在”“泛泛的存在”，以及“发展”“物质”等等，都被看成是没有意义的。

与名称一样，谓词在逻辑和形式化方面都得到了很好的研究。但谓词实质上究竟是什么？与整个思维不可分割的述谓行为的实质究竟何在？伴随着语言的逻辑分析，这个问题作为语言中的一个哲学问题一直存在，有时被看成是贬义的“形而上”问题。

罗素同意句法结构总体上反映世界结构这一观点[①]，他在早期的著作中就相当清楚地勾勒出“谓词”概念的轮廓：“准确地说，我们所有先验的（apriori）知识都是和那些既不存在于精神世界，也不存在于物质世界的东西相关。这是某些只可以用那些不是名词的词类来表示的东西，即性质和关系。例如，假设我在自己的房间里。我存在，我的房间也存在，但是‘在……里’存在吗？另一方面，显然，‘在……里’这个词是有意义的，它表示关系，我和我的房间就处于这种关系中。对于这种关系，我们不能说它存在的意义与我和我的房间存在的意义一样……这些关系……应该被放置在既非精神世界，也非物质世界的世界中去。对于哲学，特别是对于先验知识问题，该世界非常重要。”[②]

胡塞尔在现象学的框架下把谓词概念纳入人的“生活世界”

① B. Russell, *An inquiry Into Meaning and Truth*, L, Unwin paperbacks, 1980, p.374.
② Б. Рассел, Проблемы философии, Пер. с англ., СПб, 1914, p.66.

之中，“不偏不倚的直接见解的”世界的概念之中，“存在就是‘意见’（doxa）的对象，而拥有存在就是述谓的对象；语言在感知的基础上作为存在的证明而出现，因此述谓不是别的，而正是向真正的存在的过渡”。[①]

卡尔纳普的“语言层次”论有一个特点值得重视，即每一种语言具有描述世界或多个世界的可能性，这种可能性实质上正是组合造句的可能性。在卡尔纳普列举的系统 S_1 中，有 3 个对象常项，即 A_1，A_2 和 A_3，以及 2 个谓词，即 B_1 和 B_2（语言 S_1 在世界中只捕捉到 3 个对象和 2 个属性），并且据此可以形成的句子数量与每一个对象常项和每一个谓词的组合数量相等。S_1 语言能够建立的世界图式与一套完整的句子相对应，即 A_1（B_1），A_2（B_2）……，直到 A_nB_m，这里 $n = 3$，而 $m = 2$，一整套句子因而可以完整地被列举出来。

维特根斯坦的世界图式的基础是把语言表达式的意义理解为表达式的日常用法，笼统地说，也即“意义就是用法”，某一个语词的意义，特别是普通名词或抽象术语的意义，就是其用法的总和。这一论点本身具有现实的语言基础，表现为一种分布现象。语言要素的分布是指围绕着该要素的所有其他要素所构成的环境，由有可能出现在该语言的语句和文本中的其他要素（该要素所在的层次或类型）所构成。由于在分布的定义中包括“可能”这一表达式，因此该定义只是对语言潜在可能性的断定。而实际分布以言语的观察结果为基础，1950 年代的语言学家，尤其是美国的语言学家，对通过分布来确立意义予以很大的关注，为此他们制定了严格的研究方法规则，并且建立了不同的分布类型，如补充分布、对立分布、自由变体分布[②]。

① H. Hülsmann, Zur Theorie der Sprache bei Edmund Husserl, Verlag A. Pustet, 1964, pp.186-189.

② Ю. Степанов, Основы общего языкознания, М., Просвещение, 1975, с. 232-235.

分布能够显现出所谓的意义区分性要素，也即区分该要素的那些意义成分，例如把一个语词同其他语词区分开，这是在最好的情况下。在许多情况下，该分析揭示出的区分性特征只是“精确到组群”，也即只是某些类语词的特征，这些语词被提取出来作为一个整体，而且虽然这些类可能非常小，比如只包括 3~4 个要素，但是用这些方法也不能捕捉到单独的每一个要素的意义及其“词核”。例如：Я быстро... домой。这些要素构成某一类语词的分布，该类的要素可以在省略号的位置呈现出来，一个一个地，而不是一下子全部。不难看出，在俄语中这一类语词由 иду, бегу, еду, спешу, лечу, пробираюсь 这些词构成，或许还有一些别的（也可以笼统地把它们记作不定式：идти, бежать, ехать...; ходить, бегать, ездить，等等）。然而，显而易见，所列举的分布只展现该类全部词具有的共性，而不展现它们的个体特点。这些共同要素的数量可以依次减少，也即通过扩大分布使个体性明显起来。因此 Я быстро... домой на велосипеде 这一分布把 иду, бегу, лечу, пробираюсь 这些要素从该类排除出去，而剩下来的要素 еду, спешу 就获得新的特征，也即更加确切的定义。其他某种分布能够将类压缩得更小，甚至只有一个要素。然而，由于分布性分析总是可以确定类，哪怕只是由一个要素构成，所以词核，即语词和表达式的本义、个体意义，通常依旧无法显示出来。

20 世纪 60 年代出现的生成观的客观语言基础就是分布概念，由此可以相对容易地看到分布性分析逐步变化，先是变成根据“直接构成”的句子分析，随后又成为“经过综合的分析”，通过句子各个阶段的生成，由符号 S 转向直接构成的名词部分和动词部分，再转向其分支。马尔科夫（А. А. Марков）指出：“算法在数学里通常指计算过程，根据准确的指令来完成，并且从能够变形的初始数据导出所求结果。”[①]高度发展起来的生成语法不仅可以生成语言的表达式或句子，而且与简单的计算过程不同，它还得以将其进行语法上的分类，也即在供描写该语言所采用的范畴系统中对其进行描写。因此，生成语法的研究成果仍会影响到语言学的其他领域研究，如生成语义学、范畴语法和蒙塔古语法。

捷米扬科夫对“生成”这一概念做出了总结性的定义：“语法指的就是，如果借助于语法可以罗列这些表达式的所有集合，以及如果任何一个表达式借助于语法都可以归入到或不归入到该集合，为其确定一个或更多的派生物，那么它就可以生成许多句子、配列等等。”[②]

关于结构主义语言学的总体思想，卡拉乌洛夫（Ю. Н. Караулов）写道：“语言结构体不是工程语言学，工程语言学处理的是语言的机器加工及其机器应用中十分确定的具体问题，然而工程语言学的一些处理也要通过语言结构体来实现。语言结构体是一些综合方法的复合体，包括‘问题处理方法样本’的编辑和组合方法……语言结构体的主要原则就是‘如何做出’某一个对象，只是乍看起来在其内容上是纯技术性的。”[③]卡拉乌洛夫关于算法上的词汇结构体的论著可以作为俄罗斯运用语言学结构主义思想的实例。而大量关于“生成语义学”“相对语法”等等的论著可以作为美国语言学和语言哲学中运用结构主义思想的实例。

当人们开始以哲学的方式理解生成语法时，就逐渐意识到语言描写可以同时既是自然科学的描写，也是人文科学的描写。

---

① А. Марков, Теория алгорифмов. Труды математического ин-та им. В. А. Стеклова АН СССР, М., Наука, 1951, т. 38, с. 176.

② В. Демьянков, Англо-русские термины по прикладной лингвистике и автоматической переработке текста, вып.1., Порождающая грамматика, М., Индрик, 1979, с. 441.

③ Ю. Караулов, Лингвистическое конструирование и тезаурус литературного языка, М., Наука, 1981, с. 17.

三、语用范式问题

如果名称哲学可以被看作是语义学的巅峰，而谓词哲学是句法学的巅峰，那么随后产生的新范式就是语用学的巅峰。在已经分出来的3个范式中，第一个范式是“名称哲学”，第二个范式是“谓词哲学”，至于第三个范式，就应该被称为“‘我’哲学”，也即“自我中心词哲学”。自我中心词是以“自我”，以说话主体为指向的语词：首先就是“我”，接下来是所有以我为基础的语词，“这里”“此时”“这个”，等等。新范式把坐标“我”置于注意力的中心，将其看作是必要的基础。基于坐标“我”的分析，强化了这一新范式更普遍和更重要的主体概念。

“主体”具有两个基本意义：第一，“有认识和实践能力的人，与作为认识和改造对象的外部世界相对立”；第二，“主语，句子的主体”。在文学和艺术符号学中指的首先是前者：作家本人就是这一意义上的创作主体；在符号学和语言哲学中指的首先是后者；在具体语言学分析中，则指的首先是语句主词一谓词结构的分析。前者和后者差别巨大，而且难以弥合。但是，在当代语言哲学中，主体问题研究的特点正是力求弥合这一差异。

语用学诠释的一条基本线索就是说话人“我”的“分化”，分成作为句子主语的“我”，作为言语主体的“我”，最后作为控制主体本身的内在“自我”的“我”。与此同时，语用学本身也分出层次：“我”在时空中的“定位”，“我”针对说话行为的“定位”（复杂化的“我”），最后是说话人“我”与其内在“自我”的关系的高阶“定位”，这个“自我”知道说话人的目的和意图，等等。

根据一般的定义，语用学研究的是符号与语言使用者之间的关系，但却不是简单地针对普遍的、毫无个人特征的使用者，而是针对说话人、作为“我”来呈现自己的使用者。这种关系的实质在于，说话人通过把自己确定为“我”这一行为本身，在说话时刻赋予允许有可变指称对象的名称“我”，用来表示自己，同时赋予自己以整个语言，在其上面叠加他说话的时间和地点，使听话人接受这些坐标，并根据这些坐标予以理解。反过来听话人变成说话人时，也完成同样赋予的程序。

语言哲学常常会涉及游戏的类比，在语言中也常常会涉及“我”与“你”之间的关系，这实际上就是隐喻关系。隐喻是命名从一个对象向另一个对象（从一个实体向另一个实体）的转移，所以同名实体因而彼此相似，但却依旧被看成是不同的实体。Дождь *идет*（走→下），Солнце *встает*（站→升），就像人在走，在站起来一样，就像人处在雨或太阳这些对象的位置上一样。通过隐喻，说话人可以合乎逻辑地根据“我—此地—此时”这些坐标所确定的世界，根据与其身体毗邻且与其说话时刻相吻合的狭小范围，计算出其他世界。这些关系应该被看作是自然语言的语法基础①。

蒙塔古的“模型理论”对自然语言“语用学”的描写，是首先建立一种特殊的形式化语言，称之为“语用学语言 L”。“在解释语用学语言 L 时，我们将对可能的使用情境予以注意……只提出与问题有关的所有意味着可能使用情境各方面的复合体就足够了。我们可以把这些复合体称为指示语或关联点”②。例如，如果时间算子是形式化语言中唯一的指示语，那么就把语句时刻作为关联点。如果还包含人称代词“我”，那么使用情境的两个方面——说话人和说话时间，就成为重要因素，而这时自然就会选择由“我”和说出语句的时刻构成的有序对应体作为关联点。

① Ю. Степанов, Основы общего языкознания, М., Просвещение, 1975, с. 139.

② Р. Монтегю, Прагматика, В кн.: Семантика модальных и интенсиональных логик. М., Прогресс, 1981, с. 257.

蒙塔古体系的3个坐标基本上与语言的3个维度相一致：1."指派坐标"（assignment coordinate），也即"对象的无穷序列，它可以被看作是'x高'或'A是B的儿子'这类表达式中变项的指定意义"，这是语义坐标。2."语境坐标"（contextual coordinate），实际上是"几个坐标：时间、地点、说话人、听众、指定对象、前一个语篇"，这是广义上理解的句法坐标；至少"前一个语篇坐标"肯定属于句法。3."可能世界坐标"（possible world coordinate），其中"包括相对于具体可能世界的真假因素"，这是语用坐标。

于是，新句法学描写终于将"语用学"纳入其中。在新句法学描写中，应该考虑到更长的话语序列，不仅有句子，而且还有句群、段落，并且不仅有段落，而且还有段落群，等等。与此同时，语言的使用情境将得以深刻地阐明。随着话语长度的增加，作者个性、受话人的性格、对世界的某种认识等等都会越来越清晰。所有这一切都会成为语言统一、整齐和严格描写的对象。

"名称哲学""谓词哲学"和"自我中心词哲学"这3种范式解释了3种最普遍的语言研究方法。每一个范式在一定程度上都是一个完整的逻辑体系，而且它们之间的区别并非单纯是某种主观上的区别，每一个系统都是以某个客观的语言参数为基础，只不过是在主导作用上各有侧重。

作为语言的3个维度，语义学并非直接归结于符号与对象的关系之中，而是归结于这些关系如何通过句法学和语用学予以呈现；句法学并非直接归结于符号与符号的关系之中，而是归结于这些关系如何通过语义学和语用学予以呈现；而语用学也并非直接归结于符号与符号使用者的关系之中，而是归结于这些关系如何通过语义学和句法学予以呈现。

（原载《中国俄语教学》2011年第2期）

俄罗斯早期语言哲学的形成与发展

一、引语

哲学是一个民族精神生活的重要组成部分，而且与该民族的科学、宗教、文学、艺术、道德、政治等各个方面密切相关。俄罗斯哲学先后出现了很多流派，其中语言哲学（философия языка, лингвофилософия）占据重要的位置，并经历了漫长的发展道路。

俄罗斯语言哲学作为一个独立的流派，其研究对象是语言与人类存在的关系问题。在俄罗斯不同的历史和文化阶段中，语言的特殊作用促进了其自身成为俄罗斯哲学的基础性要素，哲学家对语言产生特殊兴趣的原因不仅仅在于语言与民族历史和文化的不可分割的关系，而且还在于语言对哲学发生的影响。语言并非是哲学发展的源泉，但却使哲学发展的基本线索发生某种颇具特色的细微变化，其表现是在俄罗斯哲学中产生了独具特色的认知理论——言辞学（словология），并从本质上对欧洲思想家的唯理主义（逻辑三段论）认识论做出了补充；言辞学不仅仅是理性认识世界的特殊手段，而且是人类存在并领会生活完整性和充实性的特殊形式。

就历史情况而言，俄罗斯语言哲学的发展受到了西方语言哲学思想的影响，俄罗斯学者使用逻辑—哲学方法研究语言便是这种影响的反映，但同时俄罗斯语言学家和哲学家又制定出独特的文化哲学研究方法，使语言学研究语境大为扩展，突破了传统的逻辑认识论框架。

俄罗斯思想家全面而深刻地思考了语言的本质和语言对思维及认知能力发展的意义。展示俄罗斯早期语言哲学形成与发展的历史及其内容，有助于追踪俄罗斯语言哲学思想传统及其发展特点，同时也有助于进一步了解俄罗斯语言学、心理学、历史学、人类学等学科的思想传统，最终还有助于全面认识俄罗斯社会精神进程中的内在逻辑和继承性，并深入理解俄罗斯当代语言学、文化学及语言文化学的基本内核。

一个民族的语言哲学就是其通过语言学理论研究所表现出来的认识论、方法论及由此形成的思想观念。

二、俄罗斯语言哲学产生的社会及历史根源

俄罗斯语言哲学产生的重要因素是统一的民族共同语言的形成，而这是一种怎样的语言并建立在何种原则基础之上，对于一个多民族多语言的大国而言无疑成为十分重要的问题。在共同民族语言出现以前，俄罗斯并行使用两种语言：教会斯拉夫语（主要用于教会和国家事务管理）和民间通用的口语性俄语，后者最大限度地满足了人们的日常交际和生活需要。然而，语体的不同和使用规范的欠缺影响人们的深入交际和精神生活，也阻碍俄罗斯启蒙运动的发展。

共同俄语问题集中了国家政权的利益和社会知识人士的利益，前者感受到在国家管理上迫切需要共同俄语，后者则视统一语言为民众接受教育和启蒙的重要工具。一系列因素促进了国家语言政策的形成和实施，并导致民族共同语言的顺利产生。从 17

世纪末到18世纪，民族共同语言问题已经获得社会意义，这首先是彼得大帝改革影响的结果并表现出双重性：一方面专制帝国的政策需要统一的、可普遍接受的、语法简单的语言以实现国家意志，另一方面则是俄罗斯社会精神生活逐渐与欧洲启蒙和教育思想联系起来，为此无论是教会斯拉夫语还是各种教学手段都不适合时代的需要，所以字母改革是彼得大帝语言政策最重要的表现形式。

17世纪前，包括拉丁语在内的欧洲语言教学体系明显区别于俄罗斯语言教学体系，前者在语言教学中纳入了语法教学，后者则通过大量背诵圣经诗篇和东正教经文实施语言教学，其难度可想而知。因此，俄罗斯在16世纪末和17世纪着手创立语法和演说术，将注意力集中到当时的语言学知识方面，对语言规范化和社会文化启蒙教育发挥了积极的作用。在规范言语语体的过程中，演说术首先兴起，其形成和发展从17世纪末持续到18世纪初，是一种研究思想的言语表达学说。由于演说术主要是归纳适用于任何语言的广泛的经验性规则，并未考虑不同的民族文化特点，它自然也就无法通过作为以演说术为指南的亚里士多德逻辑三段论方式传达俄罗斯民族智力活动的特点。演说术代替不了语法学。

俄罗斯语法传统始于16—17世纪的拉夫连季·济扎尼（Лаврентий Зизаний）和斯莫特里茨基（М. Г. Смотрицкий），前者在16世纪中期就发表了自己的主要著作，后者的著作则主要依据古希腊范例。斯莫特里茨基语法肯定了教会斯拉夫语形式和民间口语性俄语形式并存的合理性，这导致新旧两种语言形式的对立在俄罗斯语法中打下深深的印记，成为俄罗斯语法发展的起源。彼得大帝的文化政策未能克服新旧两种语言形式的对立，但却成为学者、思想家和诗人制定俄语语法纲要的平台，他们语言哲学观点的一致性在于确立广泛适用于国家法律关系、文学、启蒙教育并限制古斯拉夫词传播的活的俄罗斯语言。

阿多杜罗夫（В. Е. Адодуров）在其语法理念中一直维护俄语的自主权，反对使用教会斯拉夫语词汇。特列季阿科夫斯基（В. К. Тредиаковский）也倾向于口语性俄语，对俄语以希腊语为典范提出批评，认为俄语的拼写没有任何必要与其他语言相同。塔季谢夫（В. К. Татищев）和苏马罗科夫（А. П. Сумароков）将俄语的丰富程度与纯洁性联系起来，塔季谢夫坚决反对滥用外来词汇并第一个尝试编纂俄语词典；苏马罗科夫认为，在没有必要的情况下借用外来词汇不是对语言的丰富，而是对语言的破坏，俄语丰富的语言形式完全有能力表达俄罗斯人民的日常生活和文化内容，可以成为民族共同语言形成的基础。

最初制定俄语语法纲要的基础主要是唯理主义（рационализм）。当时著名的唯理主义代表人物费奥凡·普罗科波维奇（Феофан Прокопович）认为，各种语言之间的差异只是形式、结构和发音，而普遍的逻辑内涵则是统一的。所以，只要描写出语言的语法特点和言语艺术的自然基础就足以创立语法了。坎捷米尔（А. Д. Кантемир）也持类似的观点，认为语词是严密的逻辑和科学思想存在的形式，在反映相应的现实方面，语词的确表达的是现实概念，语词的价值在于言语交际的社会意义，因为无法理喻的语词只能是一些毫无结果的发音而已。不过，当时也有一系列原因妨碍统一民族共同语言的确立及语法的创立，其中包括：1. 唯理主义方法论的局限性，它只强调语言的共同性，却不能解释语言天然的差异性；2. 欠发达的语言学，因为当时的语言学既不是历史比较语言学，也不是规范描写语言学；3. 语言手段的不完善，对于当时的俄罗斯社会而言，彼得大帝改革的影响使得语言形式和新内涵之间出现矛盾；4. 民族标准语理念本身的改变，这种情况发生在18世纪中期，与叶卡捷琳娜时期统一的国家文化形成有关，这一文化使得世俗和宗教都隶属于普遍的君主集权，国家实行文化垄断和大一统，文化成为国体的一部分。与国家文化政策相适应的是民族共同语言理念的变化，主张在教会斯拉夫语基础上振兴世俗俄语。教会斯拉夫语和俄语的综合反映了确立俄罗斯标准语的进一步走向，在其形成和发展中罗蒙诺索夫（М. В. Ломоносов）发挥了决定性作用，他在自己的语文学著作中确定了解决俄语语言学问题的性质和方法。

在解决民族共同语言形成问题上，罗蒙诺索夫将“人类语言的普遍哲学概念”（общее философское понятие о человеческом слове）作为方法论基础，并将这一概念体现在《俄罗斯语法》（«Российская грамматика»）之中。建立在这一概念基础之上的方法论使得罗蒙诺索夫清楚地认识到，每一种语言在具有人类共同成分的同时也具有自己的民族特点，同样需要认真研究。基于这种认识，罗蒙诺索夫将《俄罗斯语法》分为两部分：普通语法和专门语法（相当于现代意义上的个别语法）。在第一部分中，罗蒙诺索夫展示了作为“人类语言的普遍哲学概念”的普通语法，提出他所通晓的所有语言中共同存在的基本语法范畴，而在专门语法中，他阐述了单纯的俄语语法方面的知识。罗蒙诺索夫语法的功绩在于首次从民间俄语中提取语法规则，并且尽量以客观观察为宗旨，不将规则强加给语言，而是从语言使用中提取规则。

罗蒙诺索夫的语言哲学方法论建立在唯理主义方法论和经验主义方法论的结合之上，他对语言与思维关系的探讨成为俄罗斯语言哲学产生的直接性先导。罗蒙诺索夫指出语言与思维关系问题具有原则意义上的重要性，这一问题的解决需要考虑语言的天然本性、语言在社会中的特征和功能，所以语言与思维的相互关系成为他创立语法的出发点，从而证明了他对语言哲学意义的深刻理解。在罗蒙诺索夫的语法中可以发现西方逻辑学用于语言学问题研究的方法，也即对不同的语言形式、结构及发音与统一的逻辑内涵的区分。

逻辑主义和唯理主义作为罗蒙诺索夫语法的方法论基础未能使他解决句法体系中的一系列问题，也未能使他确定句子类型和成分并阐明其内部的句法关系。当时的罗蒙诺索夫还远不能通过逻辑学解决所有的语言学问题，他对形式主义的语言学研究方法提出过警示，而且特别强调言语的价值基础不是其外壳，而是其内在的领悟及其对社会生活重要需求的适应。

罗蒙诺索夫的“三品说”（учение о трёх стилях）巩固了语言学问题研究的哲学基础，但关于这一学说的地位和作用问题在 19 世纪初成为语法辩论的焦点，出现了两种原则上相互对立的解释和新现实下的语言哲学导向：循旧和创新。希什科夫（А. С. Шишков）和卡拉姆津（Н. М. Карамзин）之间关于民族共同语言的争论本质上属于两种文化之间的对立——传统文化和欧化文化之间的冲突以及不同语言哲学思想的碰撞。争论双方都在从罗蒙诺索夫的“三品说”中寻找论据，而罗蒙诺索夫的语言哲学观也确实蕴藏着两种俄罗斯语言哲学流派发生对立的前提，罗蒙诺索夫一方面以深受西方传统影响的逻辑学方法和普遍哲学语法原则寻求解决语言学问题，另一方面又坚持俄语发展史的哲学领悟立场阐释语言学问题，其相互矛盾的取向自然也就隐含了俄罗斯语言哲学产生两个对立流派——逻辑）一语言学流派和哲学一语言学流派——的根源。这两个流派具有很多共同点，首先是承认语言与思维的密切关系，但这种关系同时也决定了两个流派在理念构建上的分歧。卡拉姆津及其追随者维亚泽姆斯基（П. А. Вяземский）、茹科夫斯基（В. А. Жуковский）、普希金（В. Л. Пушкин）、乌瓦罗夫（С. С. Уваров）等等，在语言与思维关系问题上侧重于后者，认为正是思维全面规约着语言的功能，“语言的丰富就是思想的丰富”[1]，如果一种语言中的词汇不能解释思想的差异和不同色彩，即使它拥有几百万词汇也仍然贫乏。

以卡拉姆津为代表的逻辑—语言学流派初期的学术指导原则是发现语言构建中的基本逻辑规律和普遍原则，并以此作为理解俄语天然本性的基础。比如，从欧洲语言学理论出发，卡拉姆津流派推翻了关于俄语和教会斯拉夫语天然一体的论点，并将拉丁语转化和进入罗曼语族的著名图谱运用到俄语发展史之中，他们断言，尽管俄语的基础是古斯拉夫语，但鞑靼语等很多其他语言的影响彻底改变了俄语的词汇和句法面貌，使之成为一种独特的语言。卡拉姆津流派的论断是其关于普遍思维形式和普遍审美价值的普遍概念的延伸，俄语只能在这一基础上发展并进入文明的欧洲语言家族。卡拉姆津说道：“构成民族文学特点的特殊美要逊色于普遍的美，前者发生变化，后者保持永恒。为俄罗斯而写固然好，但为全人类而写却更好。”逻辑—语言学流派在民族共同语言问题上的方法论基础是普遍唯理语法（всеобщая грамматика Пор-Рояля），其理论取向不在于语言的经验材料及历史，而在于语言的逻辑结构，这是欧洲科学为语言学研究提供的厚重的理论基础。

对于希什科夫及其语言哲学流派而言，语言与思维关系问题的意义首先在于语言形式的特殊作用，他们认为语言形式是俄罗斯人民古老而光荣的历史的体现和反映，语言被视为民族性传承的方式，古老的语言及其作品被视为巩固和保持历史根源的手段，由此得出的结论就是语言与民族精神密不可分，只有母语才能表现出一个民族的力量和精神。希什科夫流派的本质特点是

① Н. Карамзин, Речь, произнесённая в торжественном собрании, Имп. Российской Академии, 5 декабря 1818 года, Соч. Т. 3, СПб., изд. А. Смирдина, 1848, с. 649.

拒不接受逻辑主义的语言学研究方法，民族精神不是逻辑结构，语言作为民族思想的象征具有独一无二的本质性特征。希什科夫试问："在创造语言方面两个民族能够拥有同样的思想和规则吗？"[①] 从这一点上看，希什科夫流派将卡拉姆津流派视为对民族传统的拒绝背叛和对人民宗教及爱国感情的蓄意破坏便不足为奇了，因为后者致力于将教会斯拉夫语排除在语言使用之外。19 世纪 20 年代，身为教育部长的希什科夫坚决反对将圣经和其他古籍从教会斯拉夫语翻译成俄语，认为这样做将会对这些著作的可信度和价值造成损害。在他的心目中，古老的语言形式是俄罗斯文学和民族精神基础取之不尽、用之不竭的丰富和美好的源泉，他将作为民族历史象征的语言视为社会团结的基础、民族自觉意识觉醒的手段。

以卡拉姆津为代表的创新派语言哲学思想和以希什科夫为代表的循旧派语言哲学思想之间的对立在 19 世纪 20—30 年代达到高潮，并演变为沸沸扬扬的辩论。在卡拉姆津的影响下，19 世纪初的俄罗斯社会主流观点倾向于罗蒙诺索夫提出的作为口语基础的修辞中品（средний стиль）学说，卡拉姆津流派的语言学思想直接指向标准语与口语的统一或接近，旨在使作为社会语言的口语成为标准语发展的手段，"写与说一致，说与写一致"，这也表现了卡拉姆津流派致力于将西方语境移植到俄罗斯土壤的科学取向，而欧化语境不仅仅改变了俄语的语言功能特点，扩大了词汇和句法潜力，而且实际上也借助外来词将外来的价值系统和概念引入俄罗斯人的意识之中。

希什科夫流派立足于确立教会斯拉夫语为民族共同语言和现代语言的规范，崇尚罗蒙诺索夫的修辞高品（высокий стиль）

① А. Шишков, Рассуждении о старом и новом слоге российского языка, СПб., 1803, с. 35.

学说，认为教会斯拉夫语是俄语的根源，从来都是丰富多彩的，只有阅读教会和古斯拉夫文献才能使俄罗斯人民进入语言文学的圣殿。希什科夫流派的语言哲学观具有“伦理道德”色彩，认为违背传统的教育就是反对爱国，“接受一切外来事物的民族将追随外国人的教育、服饰、风俗，这样的民族自我蔑视并丧失自身的尊严。”[①]希什科夫流派对教会斯拉夫语的推崇和偏爱使其获得一个学术性称号：斯拉夫主义（славянофильство）。

创新派和循旧派之间的语法争论澄清了两个重要问题，一是对俄语地位进行哲学反思的需求问题，二是西方语言学简化的公理对民族语言研究的不适用问题。争论的结果导致俄罗斯社会在19世纪上半期直接面向一系列问题：语言的本质、语言与思维的关系、民族历史与语言历史的关系等，并在解决这些问题的过程中开辟建立符合时代精神的民族语法的道路。参与解决这些问题并发表语言哲学观点的不仅仅是语言学家，而且还有政论家、历史学家、哲学家，他们都界限分明地各自归属于创新派和循旧派两个阵营。比如，倾向于循旧派的学者有沃斯托科夫（А. Х. Востоков）、卡特科夫（М. Н. Катков）、纳杰日金（Н. И. Надеждин）、斯列兹涅夫斯基（И. И. Срезневский）等等；倾向于创新派的学者有格列奇（Н. И. Греч）、别林斯基（В. Г. Белинский）、布斯拉耶夫（Ф. И. Буслаев）等等。

三、斯拉夫主义哲学思想中的语言形式理论

俄罗斯语言哲学产生于历史转折时期。19世纪30—40年代，俄罗斯社会发展的特点是出现相互对立的趋向，一种趋向是由1812年卫国战争引起的民族自我意识的觉醒，期望政治体制自由

① А. Шишков, Рассуждении о старом и новом слоге российского языка , 1803, с. 310.

化，废除农奴制和实现宪法机制，另一种趋向是维护专制制度，扼杀自由思想的萌芽，引导俄罗斯进入反动势力范围。卫国战争使得俄罗斯社会的思想界看到了人民的力量，也在俄军出国作战中看到俄罗斯与西方在发展水平上的巨大差距。1825年十二月党人的出现在证明俄罗斯社会觉醒的同时，也直接预示俄罗斯需要做出历史性选择的迫切性。面对这一历史性选择，俄罗斯知识界的斯拉夫主义思潮和西方主义思潮之间发生对立，它们在19世纪40—60年代的辩论成为俄罗斯社会思想的时代性标志。斯拉夫主义的支持者如霍米亚科夫（А. С. Хомяков）、基列耶夫斯基（И. В. Киреевский）和基列耶夫斯基（П. В. Киреевский）兄弟、阿克萨科夫（И. С. Аксаков）和阿克萨科夫（К. С. Аксаков）兄弟、萨马林（Ю. Ф. Самарин）、科舍廖夫（А. И. Кошелёв）、瓦卢耶夫（Д. А. Валуев）等纷纷发表文章，强调俄罗斯的个性化发展，强调俄罗斯的宗教历史和民族文化特点，他们致力于在俄罗斯社会意识中强化一种信念，即俄罗斯历史和文化具有独特的生命力和精神及宗教价值，能够确保俄罗斯和斯拉夫人民在历史发展进程中的主导地位；西方主义的支持者如赫尔岑（А. И. Герцен）、奥加廖夫（Н. П. Огарёв）、格拉诺夫斯基（Г. Н. Грановский）、别林斯基、博特金（В. П. Боткин）、安年科夫（П. В. Анненков）、帕纳耶夫（И. И. Панаев）、屠格涅夫（И. С. Тургенев）、科尔什（Е. Ф. Корш）等认为，由于历史规律的必然性，俄罗斯应该走西方国家的道路，他们将文明与世俗联系在一起，强调摆脱拜占庭—东正教的束缚。

众所公认，这一时期的思想争论促进了俄罗斯哲学的形成，也促进了俄罗斯哲学思想概念内容的形成，其中发挥决定性作用的当属斯拉夫主义者。别尔嘉耶夫（Н. А. Бердяев）的评判是：斯拉夫主义者创造了独特的东正教哲学，他们是“开始独立思考、身处欧洲文化高处的俄罗斯人，他们不仅掌握了欧洲及世界文明，而且试图创造性地参与其中……是该承认斯拉夫主义者比西方主义者更好的时候了……斯拉夫主义者比西方主义者更好地吸收了欧洲哲学……他们的主要功绩和特点不在于独立于西方和世界的影响并只是在东方发掘一切，而是在于第一次创造性地独立看待西方和世界思想，也即勇于进入世界文化生活的发展进程”。[①] 斯拉夫主义哲学的独特性反映在诸如历史学、本体论、认识论、人类学等一系列问题的提出和解决上，而这些问题至今仍被学者们所关注；斯拉夫主义的语言学说是其哲学遗产不可分割的一部分，只是被置于学科的边缘，在斯拉夫主义哲学思想理解中具有原则性重要意义的语言本质问题却被后来的哲学家们忽视了。斯拉夫主义流派中的霍米亚科夫和基列耶夫斯基提出了语言的本质问题，并由 K. 阿克萨科夫阐发为关于语言以及语言与民族自我意识同一性的严谨学说，对于民族自我意识而言，语言是其体现形式，在民族认识和自我认识中发挥作用。

无论是在俄罗斯的历史选择问题上，还是在语言本质问题上，斯拉夫主义都不同于西方主义，后者除唯理主义外看不到语言学习和研究的其他方式和可能性，但也不得不承认唯理主义方法在研究和描写俄语上存在明显的不足之处。斯拉夫主义将语言视为上帝的恩赐，人掌握语言并使之发达，人与语言也因此结为一体。民族语言的建构问题是斯拉夫主义解决民族自我意识觉醒、知识分子对待人民的态度、言语和行为统一等一系列紧迫的社会问题的基础，并在涅克拉索夫（Н. П. Некрасов）、福尔图纳托夫（Ф. Ф. Фортунатов）和沙赫马托夫（А. А. Шашматов）的著作中得到进一步的发展，对俄罗斯语言哲学中的其他学派产生影响。“形式主义”（формализм）这一术语不同于字面理解，并

① Н. Бердяев, Алексей Степанович Хомятов, Париж, YMCA-press, 1997, с. 3.

不意味着脱离内容而赋予外部形式以首要意义，它用于纯粹的语言学意义，是在描写民族语言系统特点及民族精神表达上突出语言形式意义的手段。当代语言学对语言学史的研究情况表明，斯拉夫主义与其对立派别在语言事实研究方法上的原则性区别集中体现在对以下问题的理解方面：什么是语言形式、语言中的形式和意义如何关联、民族语言精神以何种方式显示在语法系统中。对于斯拉夫主义而言，语言不是某种纯粹规约的形式表现，而是一种有机现象，其形式、意义及句法使用等全部要素构成一个完整的统一体，而语言形式要素突显的是民族语言和语法系统特征。

19 世纪 30—40 年代，以俄罗斯教育部长乌瓦罗夫为代表的政府官员提出了"东正教、专制制、民族性"口号，而"民族性"的首要特征便是语言。舍维廖夫（С. П. Шевырёв）院士在 1844—1845 年开设的俄罗斯文学史课程中表达了自己坚定的信念："语言是一个民族的外部形象……是人类以各种不同的方式表达精神上自我意识的必要手段……俄罗斯哲学到了该有所作为的时候了……它有责任并有可能……将真正的意义归还给人类永恒的思想，而这些思想是由各个民族在其各自的文字中表现出来的。"[①] 斯拉夫主义将哲学的崇高使命完全理解为"民族心灵产生于语言并在语言中得到表达"，而且将这一结论演绎成研究社会精神生活的重要方法论原则和民族自我意识形成的手段。同时也应该公正地指出，与斯拉夫主义对立的西方主义（западничество）在这一问题上其实也坚持相同或类似的观点和立场。

关于语法争论和比较语言学研究成果的哲学思考坚定了霍米亚科夫、基列耶夫斯基和阿克萨科夫的信念：一个民族的精神体验借助于语言形式得以再现和巩固，因为"生活的躁动不断地改

① С. Шевырёв, История русской словесности, СПб., 1845, т. 1, с. 9-10.

变着语言的形象”。[①] 霍米亚科夫在研究语言与思维复杂的辩证关系时认为，一方面语言是“思维驯服的工具”，另一方面语言又对思维的发展产生强大的作用力；语言以共同理解和承认的形式呈现出来，目的在于确保精神表达及其形式体现的可能性；语言的首要作用不是作为思想表达的形式，而是作为民族精神的体现形式。斯拉夫主义的这一结论与其是表明对语言本质的理想认识，不如说是指出一个明显的事实：“民族精神不可能具有语言结构形式以外的其他结构形式，因为不存在任何没有语言印记的精神力量。”[②] 语言形式是民族个性最真实的语言物化形式。与此同时，霍米亚科夫还认为，思想并非总是套上语言形式的外衣，人类用于表达思想的语言不够充足，因为民族意识表现为整体精神，其中结合了创造性活动——意志、反射性领会——信仰和终结性意识——理智。作为民族精神完整性表达的自我意识在其发展过程中不断造就与其相适应的语言形式，这也是民族自我意识对语言外貌的必然要求。基列耶夫斯基发展了霍米亚科夫的思想，强调以民族风俗传统为基础的自我意识的内在完整性必然寻求民族生活的表现形式并在其中得到体现，自产生之日起语言就与人类生命活动的形式紧紧地联系在一起，成为社会集体心智的形式化结合手段和民族自我意识的形式化表现手段，同时也成为民族性标记，标明该民族及其精神体验的独特性。

斯拉夫主义关于民族自我意识与语言直接关联的论断得到了现代科学的确认。民族学和历史学研究人员在研究民族发展过程时认为，该项研究一方面要以“客观特征”（共同生活的区域性、经济生活的共性等等）为基础，但这只是一个民族发展的部

① А. Портнов, Язык и сознание: основные парадигмы исследования проблемы в философии XIX—XX вв., Иваново, Ивановский гос. ун-т, 1994, с. 318.

② Г. Рамишвили, Вопросы энергетической теории языка, Тбилиси, Мецниереба, 1978, с. 211.

分条件，另一个更为重要的方面是民族自我意识及其表达，并以此追寻该民族自我意识的发展历史，为确定该民族共同体的基本发展阶段提供可能性。斯拉夫主义对民族生活的组织结构和民族精神的存在方式格外重视，认为这是形式化研究的重要内容。历史研究经验表明，在人类社会生活内容和其构建形式之间存在着复杂的关系，而这种复杂的关系对人类生活的社会机制具有重要意义，如果一个民族内在的本质的精神价值与社会生活组织结构发生冲突，就会导致该民族个性的沉沦、完整性的残缺、传统生活方式的丧失和思想启蒙的扭曲。斯拉夫主义以内在形式和外在形式的区分作为手段，区分了民族生活的原始内核和外来形式，其目的在于阐明民族生活内容中原始部分和外来部分的相互填充及相互对立的功能。基列耶夫斯基认为，欧洲文明的影响正是俄罗斯精神沉沦的重要原因①。当然，这是斯拉夫主义者天真幼稚的观点。

斯拉夫主义对语言形式的专注反映了其旨在使用俄语的潜力以解决民族自我意识崛起和跃升问题的指导思想，他们对语言的生活创造力充满希望，因而拜占庭关于思维与语言同一性的宗教和哲学思想对他们具有很强的吸引力。对于斯拉夫主义而言，关于语言与民族精神同一性的理解是民族自我意识发展最重要的条件，因为思维与语言深层次的内部适应可以抗衡外来影响，充实民族的精神财富，保证语言成为“思想的伴随者”，使智慧和知识宝藏通过语言这一“门扉”源源不断地输出并为其他人所接受，输出得越多，民族思想宝库中的储量就越大②。

斯拉夫主义语言观也有自相矛盾的特点，在强调思维与语言

① И. Киреевский, Отрывки. Полн. собр. соч. М., Типография Императорского Московского университета,1861, Т. 1, с. 267.

② И. Киреевский, Отрывки. Полн. собр. соч., М., Типография Императорского Московского университета,1861, Т. 1, с. 273.

密不可分的同时，又承认语言形式在一定程度上的相对独立性。霍米亚科夫曾以充分的事实为依据指出俄语的特点，并非是丰富的内容出现在完善的形式之前，语言具有很大的自由性，不完全受制于传统的启蒙教育，但俄罗斯社会的启蒙教育却主要通过欧洲诸语言传播开来，语言形式的保守性为斯拉夫主义提供了思想基础，使他们认为可以借助这种保守性去防范“唯理主义对俄罗斯社会意识的毒害”。斯拉夫主义对基于生活全面意识的全面知识的追求旨在使俄罗斯的思维方式区别于欧洲，这是斯拉夫主义的思想基础，但欧洲学术话语则并非建立在思想的内在完整性上，而是建立在概念的外部联系上，表现出语法上的严谨性、外部形式上的逻辑性等等。斯拉夫主义的思想重心落在东正教信仰、哲学和民族文学上，强调精神因素，其语言学说的基础是哲学，包括本体论和认识论基础，也包括基于形而上学的语言本质观和作用观。精神绝对化使得斯拉夫主义得出结论，真正的生活不存在于现实中，而存在于精神领域，存在于思想之中。斯拉夫主义将客观存在最重要的形而上学原则宣称为“凝聚性”（соборность），也即以爱的力量将人们联系成自由的和有机的整体，或是“群体中的一体思想”[①]。“凝聚性”建立在语言之上，语言是“凝聚性”真理的表达形式，并以物质形式呈现知识的本体。斯拉夫主义的“凝聚性”赋予语言表达个体与整体参合的特点，指出思维的社会特征，语言的“凝聚性”将个体的意识变成具有社会意义的现象，将真理变成非抽象的、与客观存在直接相关的现象。

斯拉夫主义哲学首次在俄罗斯涉及“语言崇拜”问题。所谓语言崇拜指的是或者将语言视为本质（思想），或者将现象意义归于语言。霍米亚科夫注意到类似的“逻辑神秘主义”的危险，

① А. Хомяков, О библейских трудах Бунзена, Полн. собр. соч. М., Издательский дом: Университетская типография, 1886, Т. 2, с. 312.

认为逻辑神秘主义的认识论基础是对本质和现象辩证关系的片面理解。

斯拉夫主义的语言学说还不具有完整性和系统性，观点和论述散见于很多著作之中，但却深刻思考和明确提出了语言哲学问题与民族自我意识觉醒之间的相互关系问题。斯拉夫主义夸大社会转型中精神因素的意义，将东正教、哲学和文学当作追求的力量，目的是促使俄罗斯在以后的发展方向上做出正确的历史选择。尽管斯拉夫主义也认识到不能不分历史阶段地机械沿用语言和文化形式，但其倡导复兴欠发达的俄罗斯旧有语言和文化形式及否定欧洲发达语言和文化形式的指导思想仍然给人以深刻的印象，俄罗斯学术界对此所做的各种客观或非客观的辩解也改变不了这一事实。总之，斯拉夫主义的语言哲学观是以民族感情和民族精神取向为基础的学说，清晰地反映了俄罗斯的民族感情和民族精神要求。

四、俄罗斯语言形式主义哲学的发展

斯拉夫主义的语言哲学观在 19 世纪下半期和 20 世纪初期得到进一步发展，俄罗斯著名语言学家福尔图纳托夫及其学生沙赫马托夫秉承斯拉夫主义语言哲学探索的传统，发挥了继往开来的作用。

福尔图纳托夫以其精湛的抽象逻辑思维独具一格。维诺格拉托夫（В. В. Виногратов）称其为“数学家和哲学家”。福尔图纳托夫创建了莫斯科语言学派，反对句法逻辑主义，对 19 世纪末和 20 世纪初的欧洲语言学产生了影响。他认为当时语言学研究的主要缺陷是过于重视比较语言学研究方法，忽视了语言本身的历史研究，因为关于印欧语系各种语言共同来源的比较语言学研究与该语系各种语言的历史研究之间存在密切的关系。福尔图纳托夫专门研究过哲学问题，关注哲学的研究成果，这对他研究语言学问题及形成语言哲学学说具有重要的基础性意义。他不断探讨认知理论、思维与外部世界的关系、语言与思维的关系等问题。

19 世纪 70 年代，俄罗斯语言哲学以科学的蓬勃发展为背景，吸收了各种哲学和语言学思想，福尔图纳托夫及深受斯拉夫主义哲学影响的沙赫马托夫将语言学变成一门科学学科，摆脱了心理描写一说，同时解除了强加给语言的非本质性的逻辑范畴。他们的语言哲学是对语言学深刻思考和语言发展规律研究的结果，提出并解决了语言与思维和语言社会作用等一系列原则性问题，将语言学与哲学、历史学与民族学、考古学与社会学的特点有机地结合起来，制定了语言结构研究的新方法。福尔图纳托夫将语言的发展视为与社会并行的进程，正是出于这一视点，他对一种语言中出现不同方言的原因做出解释：社会分解导致语言分解，社会分解部分之间丧失联系，方言在发展过程中便成为独立的语言，相反，社会关系紧密，各种方言便会逐渐融合。福尔图纳托夫确信，语言发展并非意味着分解，同时也可以是整合，方言存在着融合和分解并行的复杂过程，研究语言必须考虑社会发展水平的差异，比如社会形态越原始，其构成就越单一，这种社会形态下的语言只有方言变化现象，但原始社会成分之间的弱势联系促进方言迅速向独立语言转化，社会发展带来社会结构的变化，因此语言中的方言差异也在加剧；随着社会联系的加强，社会各成分之间的关系也在扩展，而书面语在民族统一中又发挥着特别重要的作用。沙赫马托夫也确信，纯粹的语言学建构旨在再现语言存在的历史，应该在民族的历史中寻求支撑点。他将语言源于民族历史这一观点作为方法论原则，一方面强调“以民族生活事实检验语言存在事实”[1]的可能性，另一方面强调语言存在的事实是民族生活事实不容置疑的指标。沙赫马托夫将俄语的起源及历史研究置于广阔的社会文化生活之中，并将斯拉夫主义关于语言与民族之间相互关系的原则作为研究的基础。他赞同斯拉夫主义关于民族自我意识觉醒中精神因素作用的观点，认为启蒙教育和文化是国体形成的关键因素，只要形成民族文化的基础，国家的民族统一就会得到保障。

福尔图纳托夫将语言与思维的关系问题视为语言哲学的核心问题，坚持语言和思维互相依存的观点，一再阐述语言是思想的物质符号，强调形式主义对于解决语言与思维关系问题的意义。他特别注意到思想不仅仅通过语言表达，而且还存在于语言之中，语言是思想表达手段的定义并不成功，其中关于语言表现力功能一说使语言的概念变得贫乏，仿佛思想“自主存在，其发展完全不取决于语词，就像是在我们的言语中与思想共同表达的还有我们的各种情感一样（比如感叹词或言语变体），现实自主地存在，不受语词制约地发展”。[2]语言不只是思想的某种外壳。语言研究方法不仅仅是思想表达手段的研究方法，而且是思维工具的研究方法。在福尔图纳托夫的语言哲学中，语言被视为实践意识范畴（категория практического сознания），意指语言在人类生活中的作用，这与斯拉夫主义语言哲学关于语言在民族自我意识的觉醒和发展中的作用一脉相承，语言或言语在这一意义上并非是心理现象，而是一种活动，将潜在意识变成现实和积极行动的意识，语言手段鲜明的形式表现区别于内在的意向，它客观地呈现出人类关于世界的知识系统。福尔图纳托夫是首批研究语言

① А. Шахматов, Курс истории русского языка, СПб., СПб. ун-т, 1910—1911, Ч. 1, с. 12.

② Ф. Фортунатов, О преподавании грамматики русского языка в средней школе, Избр. Труды, М., Учпедгиз, 1957, Т. 2, с. 434-435.

发展机制（механизмы активности языка）的俄罗斯学者之一，他在哲学及心理分析的基础上确定了思维进程的特点，其中语言作为思想符号获得重要意义。他认为，人类对客观对象的印象使语言获得原始内容，语言又在人类的智力活动过程中获得形式，人类将外部现实对象作为一定的关系存在，然后思考这些关系。

尽管福尔图纳托夫援引联想心理学（ассоциативная психология）思想表述思维过程，但这里的心理学只是一种说明基质，在以心理学背景研究语法范畴的同时，他没有将心理学的作用绝对化。维诺格拉托夫指出："在福尔图纳托夫那里语法与心理学或结盟或冲突。"[①] 福尔图纳托夫依托联想心理学的目的旨在使语言学摆脱形式逻辑的研究方法，他认为语言不可能硬性塞入形式逻辑的框架，不可能在句子中划分主体、述谓和系词，语言和思想的历史不可能被呈现为形式逻辑顺理成章的思想表达方式和类型的发展，思维行为不同于抽象逻辑，不应该从形式逻辑角度研究句子成分，句子成分互相渗透，互相依存，互不可缺，共同构成统一的思想，语言的形式逻辑结构不取决于具体的思想结构，语言的功能与逻辑规律无关。基于这种认识，福尔图纳托夫只能得出错误的结论，这也是他语言哲学思想的缺憾，因为逻辑具有清晰的形式，否认形式逻辑的影响必然导致否认蕴含于概念的认知能力，这完全违背了现代科学研究的认识论和方法论原则。

语言学家曾普遍认为，印欧语系诸语言是最完善和最发达的屈折变化语言，这使得福尔图纳托夫致力于阐明语言形式的重要作用，创建了关于词汇变化形式和构词形式的学说，而且得到俄罗斯语言学界的普遍承认。这一学说的基础是词形（форма слова）概念。"单词形式在该术语的纯粹意义上来说是单词以说话人

① В. Виноградов, История русских лингвистических учений, М., Высшая школа, 1978, с. 319.

的意识为宗旨从自身分化出词的形式和基本属性的能力”[①]，也即词干（词根）和词尾。福尔图纳托夫所理解的形式属性是使基本意义发生变化的单词的发音属性，也即语法功能的形式标志。这种形式主义旨在为解决语言学问题进行纯粹的“形式”标准的探索。19 世纪末，语言学成为各种科学争相参与的领域，并将语言学引向四面八方，心理学倾向产生词形学，物理学和生理学倾向产生语音学，逻辑学倾向产生句法学，等等。在这种情况下需要有足够清醒的语言哲学方法论全方位地展示语言学知识及其规律和原则。语言形式与内容的关系常常表现出矛盾的特征，除一般关系外还存在特殊关系：第一，静态的形式与动态的内容互相对立；第二，语言形式追求尽量多的内容表达，而语言内容则呈现相反的趋势，追求在尽量多的语言形式中得到表达；第三，语言形式与内容的关系具有社会性，需要不断调整与之相关的社会角色关系，而语言形式却具有强制性；第四，语言内容由具体趋于抽象，相反，语言形式则追求更大的具体性，等等。[②]在语言学研究的很多哲学理念中，语言形式被理解为蕴含在语词意义结构之内的物质内容的表象，并被列入某种语法范畴和语义范围，这一理念有助于克服对语言结构的片面理解。

福尔图纳托夫认为，作为各种亲属语言词汇变化形式和构词形式比较研究的语言共时研究可以追踪这些语言的进化过程，但斯拉夫主义采取的词源研究方法旨在以词源学取代本体论。为了突显对词源学的回避和强化对语言形式的研究，福尔图纳托夫从语法学中分离出名为形态学（词法学）的学科。他确信，总体上对于思维而言，形式并非是语言的自然属性，因此词形变化比内在意义更有助于研究语言的历史发展状况。作为语言学最初的形

① Ф. Фортунатов, Сравнительное языкознание, Избр. Труды, М., Наука, 1956, Т. 1, с. 136.

② Б. Плотников, О форме и содержании в языке, Минск, ВШ, 1989, с. 6.

式化理论之一，福尔图纳托夫学说成为现代结构主义语言学流派的预言，其中也反映在美国描写主义语言学对词汇形式类型划分的基本理论之中。

沙赫马托夫对语言形式的概念做出了更为广泛的解释，尽管他在一定程度上受到福尔图纳托夫观点的影响，但力求解决思想内容与语言形式之间的脱节问题。他断言，“语言形式意义只能根据词与词之间的联系才能被认知”①，而且首先取决于现实意义，“现实意义将词与外部世界直接联系起来……它取决于词作为语言符号与外部世界某一现象的对应”②。现实意义与词汇的关系体现在源自人类头脑的现实意义的三个主要范畴之中：客体概念（представление о предметах）范畴、客体性质概念（представление о качествах, свойствах предметов）范畴和行为概念（представление о действиях）范畴。词汇现实意义的这三个基本范畴包含了各种变化的词类在句子中相互关联所产生的形式意义，比如名词的格和数，形容词的格、数、性和级，动词的人称、数、时间、式、态和体等形式意义。沙赫马托夫因此抛弃了福尔图纳托夫关于词汇形式作为句中关系功能的理解方式，针对性地提出了作为意义功能的形式概念，并在波捷布尼亚（А. А. Потебня）、维诺格拉托夫和谢尔巴（Л. В. Щерба）的研究及著作中得到发展。沙赫马托夫从意义中看到词汇在人类思想中自我表现的手段，认为语法范畴是人类思想为语言交际所制定的程式，而人类思想又毫不犹豫地进入该程式，与之发生联想关系，就如同与外部意义发生联想关系一样，并通过该程式获得语言表达。沙赫马托夫对形式意义的论述证明其对语言与思维统一体的深刻理解。

沙赫马托夫语言哲学观的特点是在最重要的方法论问题上并非

① А. Шахматов, Курс истории русского языка, Ч. 1, с. 6.

② А. Шахматов, Очерк современного русского литературного языка, М., Учпедгиз, 1941, с. 234.

孤立地研究语言与思维的关系，他认为语言与思维不可分割，因此语言也不可能成为思想的对象和客体，语言是思想的工具。沙赫马托夫确信，在思维关系之外只能研究发音，所以语音学不需要心理论证基础。他将语言学与历史文化学科及“语言意识”心理学的方法论紧密结合起来，从而与自己的老师福尔图纳托夫形成区别。

沙赫马托夫关于语言形式主义的广泛阐释使得句子被确定为思维单位，语言与思维的关系通过句子实现，“因为句子是思维在语言中表现的唯一手段”①。句子的心理基础是人类经验和感受所构成的概念集合，这些经验和感受存在于思维行为（акт мышления）之中，正因为语言是交际的手段，他将这种思维行为称作交际（коммуникация）。沙赫马托夫的交际学说形成于 20 世纪初，不仅仅是对句法理论发展的重大贡献，而且哲学意义也很明显，他首次将语言的全部功能结合起来，使句子概念覆盖语言中几乎所有的句子类型，求得可以传达各种人际关系的语言形式结构，包括认知关系、表现关系、交际关系、称名关系、调节关系等等。沙赫马托夫认为“内语”（внутренняя речь）是句子和交际之间的中介，也是思想行为。内语指的是具有听觉和视觉符号形态的思想，在思维活动中发挥重要功能，将复杂和模糊的概念形象具体化。人类头脑中的复杂心理过程实际上是将形象改造并分解成相应要素的过程，最终使交际获得外向表达的确定性和可能性。如果说“交际始于内语之外”，那么“它就终于内语过程之中，并从内语向‘外语’（внешняя речь）转化”②。沙赫马托夫展示了言语和思想产生及持续形成的复杂过程，对思维行为和结构的特点进行了先导性研究。

---

① А. Шахматов, Очерк современного русского литературного языка, М., Учпедгиз, 1941, с. 114.

② А. Шахматов, Очерк современного русского литературного языка, М., Учпедгиз, 1941, с. 245.

19世纪末20世纪初的俄罗斯语言形式主义是斯拉夫主义思想继续发展的结果，这种语言哲学思想始终关注语言在社会精神生活中的地位和作用，第一次将语言视为文化现象，并使语言学获得独立学科的地位，也证明了哲学与语言学结合的成效。尽管福尔图纳托夫对思维在语言功能机制中的作用估计不足，但毕竟推动了俄罗斯语言学和哲学的发展，在世界语言学界也产生了深刻的影响。由霍米亚科夫、基列耶夫斯基、阿萨科夫、涅克拉索夫、福尔图纳托夫和沙赫马托夫开创、继承和发展的语言哲学形式主义流派是俄罗斯语言哲学史上重要和必然的阶段，同时也表明语言的哲学阐释在向科学的语言哲学转化，此后从波捷布尼亚开始，俄罗斯语言哲学研究的系统化程度越来越高。

五、结语

一百多年以前，哲学家在对逻辑性质研究的基础之上开辟出哲学研究的新领域——语言意义，也即以语言意义更新哲学的研究对象，实现了“哲学研究的语言学转向”，分析哲学（аналитическая философия）随之诞生，并使得语言哲学终于成为现代西方的主流哲学。语言哲学的兴起和发展深入说明了人类对探索和掌握语言来源奥秘及语言潜力的追求，这种追求在语言学研究历史的不同阶段上均有所反映，在分析哲学正式产生之前语言学与哲学之间已经发生了密切的关系，俄罗斯早期语言哲学思想的形成和发展情况也证明了这一点。无论世界和社会如何变化，只要人类尚存，就一定要与语言为伴，并生活在语言之中。语言是人类永恒的研究对象，语言也是人类最后的家园。

（原载《中国俄语教学》2006年第1期）

创新思维基点：语言个性与共性及其关系

一、引言

中国社会近二十年取得了空前的发展，反映在语言学研究上就是“幅员辽阔、人口众多”，但数量和质量目前并未成正比。创新的力作有一些，但总体上仍远远落后于西方。受现阶段物质和精神文明发展水平的制约，各个行业的状况与语言学界基本类似，“精品意识”“品牌意识”都是共同面临的问题和挑战。不过也要看到，目前的局面或许是发展过程中的一个必然阶段，规模效应未必不可以产生质量效应，只要广泛的学术群体存在，精英必孕育其中，脱颖而出也只是时间的问题。大连外国语学院学报部举办的“中国外语教授沙龙”当属现阶段语言学界的一个必然产物，其中心议题也是其担负的历史使命，即渴望和呼唤语言学新的发展阶段的到来。

二、当代语言学研究特点

各种语言研究客观上都不由自主地在探讨一个十分重要的问题：人类知识的获得能力、方式和途径，乔姆斯基称之为“柏拉图问题”。且不说休谟的“自然本源”、赫伯特的“原始天赋”、莱布尼茨的“人类本能”如何如何，就语言本身来说毕竟是与人类共生共存的超级现实，对这一现实的研究并非是一件简单的、可有可无的事情。说语言学就是人类学或哲学恐怕并不为过。人类所具有的作为语言知识的命题知识是普遍语法原则在其各种参数确定之后相互作用的结果。然而，语言机制的不同也导致语言之间的差异。从生物学乃至生物语言学角度看，遗传属性不同的有机体，或者遗传属性虽同但早期经验不同导致后期系统定向不同的有机体，不仅知识范围不同，而且对已有的经验所做的解释也不同。生物属性引发认识论问题。在语言学范围内，普遍语法原则与生物属性差异构成了焦点研究课题之一。

语言学中的认知（cognize）并不等同于一般意义上的知识（knowledge）学习和掌握。语言知识相当于语法知识，包括普遍语法知识、个别语法成分知识以及个别规则和原则知识。尽管在具体事实知识和具体事实之外的系统知识（也即语言或语法知识）上“认知”和“知道”（know）并无二致，但如何看待下面这样一个命题就成为问题了：凡知道 ABC 必然认知 ABC，而认知 ABC 似乎未必知道 ABC。从该命题出发可以做出一个假设：“认知”是“无意识的知识”①。以往哲学上的一些理论将知识划分为两类：一类是知其然也知其所以然的知识，另一类是具体事实的命题知识。那么语言学中的语法知识（规则知识）属于哪一类知识呢？或许都不是，而是某种系统知识，可能包括命题知识在内，却未必能够轻易地依靠心理机制以类推的方法进行心理运算和意识，但无意识的知识在有意识的知识中具有体现的可能性。通过语言研究哲学早已成为现代哲学的中心课题之一，因而正在形成所谓的“科学语言学”，并将其纳入总体的自然科学。包括

① 阿·乔姆斯基：《乔姆斯基语言哲学文选》，徐烈炯、尹大贻、程雨民译，商务印书馆 1992 年版，第 224—262 页。

语言知识在内的某些系统知识在人类思维和行为中起着中心作用，语言系统知识引出无限的命题知识，这是一个形式各异但本质又基本相似的系统知识，同样也是生物属性的一部分。乔姆斯基提出“柏拉图问题”的原因正在于此，他也试图从生物属性角度去解决这一问题，使原本属于社会人文科学的语言学进入自然科学。

语言是一个信息系统，这是全人类语言的共同特征。语言信息的交流主要是人与人之间的交流。存在于人脑中的语言信息系统既能生成语言，又能理解语言；既有生成的信息加工过程，又有理解信息的加工过程；同时还存在信息的反馈监控过程。上述过程具有双向性质。神经认知语言学理论认为，语言信息可以拥有两种载体，一种是外部的声音、文字等形式，另一种是内部的大脑神经网络。[①] 第一种载体被理解为语言现象，第二种载体被认为是语言系统。传统语言学多研究作为语言现象的第一种载体；当代语言学的研究视点正转向作为语言系统的第二种载体。

通过对当代语言学研究特点的简要分析，至少可以得出以下两个重要结论：1. 作为形式结构的语言现象研究对于一般性区分不同的个别语法规则有意义，对于语言尤其是外语教学和学习有意义，对于比较语言学和历史语言学研究也有意义，但对于语言学的普遍哲学阐释则意义有限；2. 深层次的语言学理论问题主要集中在语言系统上，也即总体的人类语言与总体的人类思维和行为。后者的研究对于哲学问题将产生不可估量的启发意义，也将使知识理论的研究取得突破性的进展。

① 程琪龙：《认知语言学概论——语言的神经认知基础》，外语教学与研究出版社2001 年版，第 17—36 页。

三、创新思维基点

创新往往与借鉴相关，纵向和横向上都是如此。二十年来中国语言学界在引进、借鉴和结合上做了大量的工作，同时在理论语言学研究方面也发生了一些积极的变化。具体表现为："介绍和引进国外语言学的一些新理论比以前快；西方语言理论和汉语研究的结合取得了一些新进展；在某些领域的研究中提出了一些新的理论假设，为补正现行普通语言学理论的不足做出了一些积极的贡献。"① 外语学界和中文学界的情况基本类似，不同之处在于，前者接受外来理论的意识更强，速度更快，但在与中国语言结合方面偏弱；后者在结合上做得好一些，但接受能力稍逊。总体上看，包括外国语言学研究在内的中国语言学"一直偏重于具体语言现象的研究，不大进行理论问题的探讨，因而理论语言学一直是一个薄弱环节"②。这种情况无论过去还是现在都是一个不争的现实。受某些负面传统意识的影响，再加上主客观学术环境的封闭以及思维认识能力上的欠缺，很多人对理论语言学研究持排斥心理，仅仅满足于对具体语言现象的分析、描写和对比，只重视眼前低层次的实用性，忽视高层次的科学体系建立，因而零零碎碎，不成气候。比如国内有些高水平的外语类学术期刊常常受到非议，指责其倡导的理论性，甚至说其"故弄玄虚"，正说明了这一问题存在的普遍性。国内语言现象的研究群体相当庞大，容易在思潮上对语言系统的研究群体形成绝对的压倒优势，这是一个十分可怕的现实，如果指导思想发生偏移，进而会将其窒息。这一现实对中国语言学的发展非常不利，创新问题更是无

① 徐通锵，王洪君：《改革开放以来的中国理论语言学》，许嘉璐、王福祥、刘润清主编：《中国语言学现状与展望》，外语教学与研究出版社 1996 年版，第 3—35 页。

② 徐通锵，王洪君：《改革开放以来的中国理论语言学》，许嘉璐、王福祥、刘润清主编：《中国语言学现状与展望》，外语教学与研究出版社 1996 年版，第 3—35 页。

从提起。理智的做法是，互不干扰，互不排斥，甚至互相合作，从语言现象升华出语言系统理论，再由语言现象检验和修正，形成一个良好的学术思路和自觉意识。

创新不可能凭空出现，在发展水平较低的阶段学习和借鉴是必要的，也是创新的前提。不要一味片面地将引进和借鉴斥为“抄袭”（个别情况除外）、“模仿”和“编译”，这是一个不可或缺的学习过程，是一个学习理论和学习抽象复杂思维的过程，是一个改善和提高中国学术界思维水平的过程，也是一个发展创新思维的必然过程。在引进和借鉴过程中，中国的外语学者已经开始了具有整体性创新的探索，创新的态势已初露端倪。比如，列文森的新格赖斯会话含义推导机制直接触发的是徐盛桓先生的“含义本体论”及其“常规关系”；又如，国外语用学研究直接催生的是钱冠连先生的“汉语文化语用学”等等。

语言有个性和共性之分。以往的语言学研究多集中在语言个性方面，目的在于描写各种语言并对其进行比较或对比分析，便于了解和掌握其外化形式，从而用于教学和学习。但大量的语言研究又发现各种语言具有共性的一面，也即个性差异的背后有很多相近或相同之处存在于所有语言之中，甚至在较深层次上语言的共性更为显著。比如语言符号的普遍性——音、形、义：符号的扩展、历时变化、层次结构、基本语义概念、语法的递归性（反复适用性）、习得的可能性，等等。这类事实有助于做出一个判断：语言的共性是绝对的，而语言的个性则是相对的。当代语言学研究状况表明，具有创新能力和论著的语言学家几乎都是在语言共性上进行研究，都属于语言共性论者。

语言共性论有三种代表性的立场和观点：“第一种可以称为保守的共性观。持这一观点的人认为语言中虽有共性的存在，但数量不多，作用范围有限；第二种可以称为弱式共性观。持此观点的人认为语言共性是存在的，甚至是大量存在的，但这种共性是以某种趋势而不是以原则 / 规则的形式出现的；第三种可以称为强式共性观。持此观点的人认为所有语言都受一些普遍原则的制约，语言间的差异在这些普遍原则所允许的范围内存在。因此，可以说，语言的共性是本质的、核心的，而个性则是非本质的、边缘性的。”[①]结构主义语言学派尽管并不否认语言共性的存在，但主要注意力仍集中于个别语言的孤立描写，其研究具有个性论特征。以乔姆斯基为代表的生成语法学派在理论上坚持普遍语法原则和语法参数观点，这意味着普遍语法原则存在于所有语言之中，个别语法只是参数的不同设立，变异的范围是有限的，所以生成语法以提取普遍语法原则为主要目标，同时也对自然语言的变异范围进行深入细致的探讨。国际上有影响的语言学派大多专注语言共性的研究，而语言之间各种差异的描写和分析则被置于次要和服从的理论地位，即使是中西语言之间相对较大的差异也无法成为这种情况的反证。

中国语言学界普遍忽视语言共性研究的重要性，对语言共性的研究比较消极，对语言个性的研究比较积极，重差异，轻同一，有些人甚至对语言共性论持怀疑态度和抵触情绪。这反映了中国语言学界滞后的认识水平。这种状况如果不加以改变，中国的语言学不可能走向世界，不可能在国际上产生影响，至于在世界范围内达到领先水平就更不可能了。

笔者在此并非有意贬低语言个性研究或抬举语言共性研究，就像前面涉及的语言现象研究和语言系统研究一样。语言个性研究和语言现象研究理所当然是必要的，在语言学研究的初级阶段更是如此。但现在探讨的是语言学研究的创新基点问题，尤其是语言系统研究的创新基点问题，厚此薄彼毕竟有其前提。忽视语

① 程工：《语言共性论》，上海外语教育出版社1999年版，第1—31，268—280页。

言共性的个性研究容易使中国语言学界一叶障目，不见泰山，偏离语言作为全人类共同生物属性一部分的认识方法，从而走向孤立主义的道路。笔者在国内学术会议上时而听到这样一些愤慨之声：国外的符号学理论对汉语有什么用？我们把先秦句法搞清楚就不错了！试想，如果这种把汉语排除在符号系统之外的观点取得主导地位，那么中国语言学还有什么前途可言。所以，对于中国语言学而言，语言共性和个性的关系问题是一个极具挑战性的问题。

逻辑实证主义是描写主义语言学的基础，而经验主义也是结构主义语言学的基础。欧美哲学思想中理性主义重新兴起之时，也是经验主义和结构主义受到冲击之日。乔姆斯基继承了 19 世纪德国语言学家洪堡特关于语言是一种创造能力以及语言具有“内部形式”的学说，提出了转换生成语法，“使 17—18 世纪的唯理语法复活了”，他同时也站到“面向理论”（theory-oriented）的立场上去。当代语言学研究中的数学模型使得结构分析高度形式化，这当然有其自然科学的背景。学科发展的相互影响和作用导致当代语言学同时进行综合和分解研究，一方面将各种科学学说和流派结合起来，形成所谓的边缘学科，尤其是将自然科学和人文社会科学知识结合起来；另一方面则出现了越来越细的研究方法，使学科分支越来越多。从语言整合研究角度看，规则系统正在向原则系统转化，因为早期的规则系统缺乏普遍性。随着原则系统的出现，参数（parameter）的概念应运而生。参数的作用在于把抽象的原则转化成具体的规则，个别语法就是参数值的设立系统，并与原则相互作用，形成语言中多样化的结构。原则与参数模型的出现使语言共性与个性的关系有了新的表达形式：原则具有共性，参数不悖于原则。如果语言学旨在建立普遍和清晰的理论体系，那么它就必然从语言的个性走向语言的共性，从规则系统发展到原则系统，而严密的原则系统又必须对语言变异的参数和范围加以适当的控制。这就是生成语法产生的内在逻辑，也是为语言学界提供的最大启示。

当然，普遍语言系统的研究要基于丰富的多语种语料和各种相关的学科，规模大，难度高。从科学理论角度看，普遍语言系统原则的建立并非不可思议，关键是如何从纷繁复杂的规则系统走向简明严谨科学的原则系统。这不仅涉及解决汉语和外语研究中的“两张皮问题”，也要求解决各个外语语种研究中的“多张皮问题”。正在形成的科学语言学预示着语言学也应该成为像数学、物理学、化学那样的普遍理论系统。

人类具有共同的生理和心理基础，而语言又是一项具有生理和心理基础的知识结构和知识系统，这就证明了人类语言共性系统的存在，作为语言之间差异的语言个性毕竟是非本质的边缘性规则和参数。探索语言普遍规律的科学语言学完全可以成立。过分狭隘地专注于语言个性研究将妨碍中国语言学走向世界并达到世界先进水平。大量片面地研究汉语个性特点并将其与英语、俄语等外语进行简单的对比分析，得出的差异结论往往在很大程度上属于认识上的偏差和误区，反映了认识能力和认识水平的局限，只见现象，不见本质。这一事实要求我们对以往的研究方法和认识方法进行反思。

四、结语

现阶段中国语言学在理论研究上取得了一些进展，但与世界先进水平的差距依然很大，这种差距并非简单地表现在具体领域的研究水平上，而是表现在认识论上。具体语言现象的研究要与普遍语言系统的研究相结合，语言个性研究不能偏离语言共性研究的思路，要认识到人类语言普遍的内部机制，要着眼于具有普遍意义和普遍原则的语言学理论；不能从语言个性中悟察出语言共性，语言学研究就没有前途，科学语言学也就无法建立。中国语言学与西方语言学的差距主要表现在这一方面。“由于语言的个性中隐含着共性，特别是语义的结构，这种共性将会更明显，因此我们今后以字为基础的汉语研究应该加强语义的研究，从中发现和提炼它的普遍理论意义，以丰富普通语言学的理论。希望这一次不再是由外国语言学家来为我们总结汉语语义研究的普遍理论意义”①。

定位创新思维的基点十分重要。观念上的保守是创新思维的最大障碍。国内大多数人只满足于描写和解释具体的语言现象和事实，有些人甚至盲目排斥语言系统和普遍规律的研究，尤其无知地鄙夷理论研究，造成了对中国语言学发展的极大制约。岂不知，世界上主要语言的一般语言现象和事实研究几乎已经穷尽其描写对象，从创新意义上来说，结构主义研究方法已经很难再有大的作为，毕竟记录和描写行将消亡的印第安土著语言的时代已经过去；低水平的重复研究（重复建设）无疑与创新无缘。西方语言学界的成就表明，语言共性是创新研究的最大空间，也是影响最为显著的领域，我们引进和借鉴的都是来自语言共性研究的理论。基于语言共性研究的创新思维是中国语言学界需要全力追求的目标，切不可等闲视之；中国人应该并且能够学会抽象和复杂的理论思维。

科学无国界，共性遍语言。

（原载《外语与外语教学》2001 年，第 10 期）

① 徐通锵、王洪君：《改革开放以来的中国理论语言学》，许嘉璐、王福祥、刘润清主编：《中国语言学现状与展望》，外语教学与研究出版社 1996 年版，第 35 页。

语用—语言学范畴中言语行为的社会因素问题

一、引语

在语用—语言学范畴内研究人的言语行为问题，必然要涉及社会语言学领域，并对之做出进一步的明确和补充。在语用学话语意义阐释过程中，必须考虑人类个性之间的诸多关系，继而探索具体语境中所谓相对完整的言语意义。语用—语言学是语言学研究“意义转向”的产物，它使得语言学吸纳了国情及百科知识、社会学及心理学信息等等，这些知识和信息使得言语交际模式的分析更加有效，而传统语言学的形式与意义研究成果也并未被扬弃，而是成为语言整合研究体系的一部分。

有关语用学本质的论辩表明，语用学是一个包括社会语言学、心理语言学等其他言语学科在内的宏观学科，涉及人类社会中语言的功能问题，也即广义上的言语语言学和狭义上的人类与语言符号关系学[①]。语用学的逻辑分析对象是命题范围之外的时空指示成分和言语交际者成分等等。关于语用学定义的三种最新取向是：1. 会话取向（言语行为取向）；2. 功能取向（演说—修辞取向）；3. 心理语言学取向（言语生成与接受取向）[②]。语言符号是语言学研究对象的科学抽象系统，科学抽象系统的价值就在于

① S. Levinson, *Pragmatics*, Cambridge, Cambridge Univ. Press, 1983, p.3.

② L. Horn, Pragmatic theory, Linguistics: the Cambridge Survey, F. Newmeyer (Ed.), Cambridge, Cambridge Univ. Press, 1988, Vol. 1, pp.113-145.

使概念具有成为理论的能力。

二、言语行为主体的社会属性与语用—语言学范畴

从言语行为主体的社会属性及关系角度看，言语行为可以划分为两类：社会标识性言语行为和社会中性言语行为，前者包括命令性、要求性、请求性、禁止性等言语行为，后者包括确认性、陈述性、描述性等言语行为。社会标识性言语行为又划分为社会常态标识性言语行为和社会变态标识性言语行为，前者包括各种指示性言语行为，与发话人和受话人的既定社会关系相关，后者包括允许性、表达性等言语行为，与交际情境相关。考虑到间接言语行为或易位性言语行为的特点，比如请求形式的命令、感谢形式的责怪等等，言语行为的类别经常处于复杂的变化之中。易位性言语行为广泛存在于言语交际中，属于言语交际的程式性礼貌形式。在某些共同语言群体中，易位性言语行为具有限制发话人自发言语的本质特点，比如不习惯以言语形式表达请求，仅凭受话人去猜测，因而有些话题在交谈过程中需要回避，以免被认为是请求而引起不适宜的想象。言语行为意向既可以是确定性意向，也可以是推定性意向，间接言语行为意向一般为推定性意向。推定性意向是人们经常交际并相互发生作用的必要因素，交际各方总是可以意会到其中的某些东西，但也不排除超出受话人意料的情况，这在很多方面取决于言语体裁和交际条件。在言语交际中善于使用隐含意义和推定性意向可以在交际双方的心目中提高对方的地位：发话人显得有智慧，明察秋毫，而受话人也感受到发话人对其理解力的信任。间接言语行为在交际中表现为语句语言意义和言语意义的错位和失调，并在一定的范围之内发生变异：命令意向可以表现为请求、劝告、询问或判断。

意向的间接表达在表示恭维意义的社会变态标识性言语行为中尤其明显，这类言语行为引起文化对比研究者较大的注意，其分类原则取决于交际者之间关系的亲疏远近情况。受话人对于恭维言语行为的反应总体上可以归纳为两大类：“赞同”和“不赞同”。“赞同”类包括“接受”“证实”“转移”，其中“接受”包括“表情”“解释”，而“解释”又包括“一般性解释”和“夸张性解释”；“转移”包括指向他人和指向对方；“不赞同”包括“有反应”和“无反应”，“有反应”包括“自谦”“反问”和“不接受”，“不接受”又包括“异议”和“退让”。比如“好漂亮的大衣！”解释性反应一般为“是的，穿起来很暖和”；夸张性解释则通常具有诙谐语气并发生在朋友之间：“我也漂亮啊。”“证实”是指细节上的解释；指向他人和指向对方是对恭维的间接接受：“她的大衣也很漂亮”“你的大衣也很漂亮”；自谦性反应一般为“一般啦，还凑合”；反问性反应则是“你笑话我吧”；退让性反应是“不漂亮，别人的更漂亮”；异议性反应是“穿在身上一点都不舒服”。“表情”指的是微笑、点头、感谢。

人的社会角色与语言手段的使用直接相关，也即涉及语效方面的社会关系。在语谓行为（言外行为）向语效行为（言后行为）实现转换的因素中，文化共相发挥明显作用，这种作用指向人的个性价值范畴，而人的社会角色恰恰属于价值范畴。言语行为的作用力可以划分为三种类型：1. 改变主体对客体的态度，改变客体的隐含意义，如号召、口号、广告等；2. 形成共同情感，比如演讲等；3. 调整个体意识的范畴结构，引入新范畴，比如科技文体等。当然，这种分类并非完全适用于作为作用客体的人的社会角色自我意识的转变，而且在日常生活意识层面上的范畴结构调整也并不十分明显，因为作用力不仅产生于相关文体，而且是某一社会集团生活方式改变的结果。

言语作用力指的是对人的情感、理性、知识和行为的综合影响，具体分为三个层面：1. 文化层面；2. 社会层面；3. 心理层面。文化层面指的是文化语境中的人及其掌握的语言意义系统；社会层面指的是作用力手段的意向性选择（权威、权谋或权术、论证及强力）；心理层面指的是个人影响的发挥（比如“移情”等个性意义的转换）。作用力类型的划分目的在于探索研究方法，在于寻求作用力类型与思维风格的同一性，并得出某一时代的思维风格构成模式，诸如逻辑系统、现实理性思考的主流趋向、某一特定时代审美观和科学思想特点的总和、个体思维风格等等。

语用—语言学被普遍理解为交际理论的研究学科，因而其研究对象定位在交际参数上。言语语用特点由十种交际参数构成并相互区分：1. 言语种类——自然言语（无准备或有准备的言语）和“非自然言语”（杜撰及臆造的言语）；2. 言语情境性——接触性言语（面对面的交谈）和非接触性言语（电话交谈）；3. 言语交际元数量——双方或多方交际性言语；4. 公开性程度——隐秘性言语、相对公开性言语和完全公开性言语；5. 言语交际元社会关系——对称性言语和非对称性言语（表现为非对称的不平等或是由人类学因素规约，或是由社会文化因素规约，或是由情境因素规约）；6. 言语体裁——指示性言语、情感表达性言语等；7. 交际元熟识程度——亲切性言语、一般熟识性言语、陌生性言语；8. 交际元谈话准备程度——无准备性交谈、非充分准备性交谈、专门准备性交谈；9. 言语主题确定程度——无主题性交谈、一般主题性交谈、专门主题性交谈；10. 交际及交际条件关系——非充分交际条件下的交际、充分交际条件下的交际。[1]

---

① H. Henne, H. Rehbock, *Einfurung in die Gesprachsanalyse,* Berlin, de Gruyter, 1979, pp.32-33.

主观诸因素（模态）构成交际语法的范畴系统，该系统的某些范畴在很大程度上与传统形式结构语法范畴相吻合，比如主观情态、有定性和无定性等等，但这只是表面上的吻合，它们的理论模型具有原则性差别。另外一些模态范畴曾经是修辞学研究的对象，比如表现力、交际的社会因素等等；还有一些范畴存在于某些相对孤立的理论之中，比如实际切分（thematic-rhematic articulation）、评价结构、情感性等等。语用—语言学旨在对语言进行科学的功能性综观研究，集中了言语行为理论、交际语法等研究成果。语用—语言学范畴目前正处在形成阶段，它们相互渗透交叉并得到不同的阐释。

考虑受话人因素是发话人最重要的特征，因此受话人的各种类型与发话人的各种类型基本相符，当发话人是文学、政论、哲学或科学技术作品的作者时，这种情况更为明显。比如，发话人的立场观点在以下格言中昭然若揭：One of the vices of democracy is that it tolerates mediocrity（民主的缺陷之一是容忍平庸）。该发话人的逻辑大致为：1. 民主被认为是社会的价值；2. 民主有其不足之处，其中包括对平庸的容忍；3. 容忍平庸理应受到谴责；4. 民主的价值令人质疑。发话人明显将自己排除在平庸之外，因为该格言的立意就在于证明人们社会身份的不平等，所以发话人应该是社会精英的代表人物。

运用语用学方法研究语义学或语形学（句法学）的传统描述现象可以发现其新的本质特点。比如，语法将疑问句分为一般疑问句和特殊疑问句，而根据信息征询特征疑问句又可以分为信息性疑问句和修辞性疑问句，但这两者之间却存在主观情感评价和否定空间：“你痛苦吗？——你不想让自己痛苦吧？”“你知道吗？——难道你不知道吗？”另外一种原则性区分是语句主观评述（模态）性疑问句和语句客观评述性疑问句，针对语句“我想他今天不会来了”的主观评述性疑问句是：“你为什么这么想？”“你这么说是什么意思？”“你真的这么认为？”客观评述性疑问句是：“那他什么时候来？”“不会发生什么事吧？”“我们是否再等等？”疑问句的语用类型以“信息性疑问句—修辞性疑问句”为纵轴、以表现社会关系的“尊敬—监督”为横轴呈双向分列状态。对交际一方感兴趣而发生的疑问句实际上是善意的表达，是“抚慰”的表示，双方社会角色平等。熟识程度较高的美国人在非正式场合相遇时会产生以下典型的对话形式（反映的是交际双方对称的社会关系）：

A: Hi!

B: Hi!

A: Warm enough for ya?

B: Sure is. Looks like rain, though.

A: Well, take care of yourself.

B: I'll be seeing you.

A: So long.

B: So long.

语用意义最重要的特点是发话人的立场及其对受话人的态度、交际各方的社会和情境角色；语用意义的各种阐释模式都集中于情境规约性、话语指向性、主观性、复杂而异常活跃的结构性、与非语言表达的联系性、隐性表达的趋向性和由此产生的语用意义特殊阐释的必要性。

语用—语言学范畴广泛而多样。交际者社会角色的表达领域包括交际原则和范围、言语行为、言语体裁、言语作用力手段、受话人类型和语句模态。语用—语言学范畴内的交际者社会角色可以图示为：

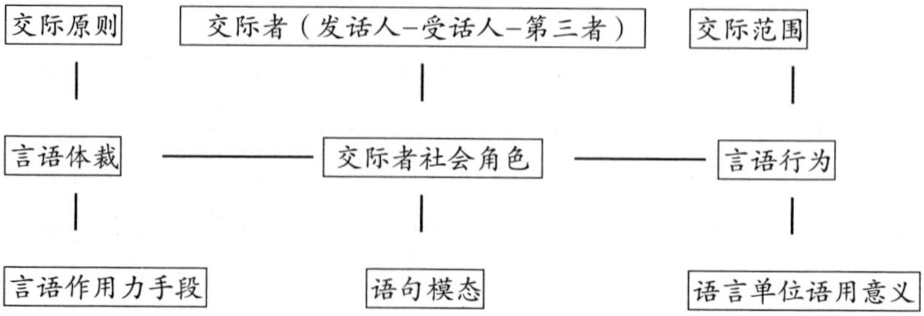

交际者社会角色与言语行为和言语体裁直接相关，并反映在语句的模态之中；言语行为受交际原则制约，并直接与言语作用力手段相关（语旨和语效联系）；言语体裁受交际范围规约，并导致语言单位的选择；原则范畴、交际者范畴和交际范围范畴可以归为交际因素之列；言语行为范畴和言语体裁范畴可以归为交际类型之列；言语作用力手段范畴、语句模态范畴和语言单位意义范畴可以归为交际方式之列。交际者的社会角色是语用一语言学的一个特殊因素范畴。

三、社会标识性语境及其结构要素

社会标识性语境要素包括：1. 交际者；2. 交际者社会角色向量（vector）；3. 社会角色向量论证；4. 动态的社会关系；5. 社会关联和社会中性状况。社会关系源于社会标识性语境，也即受非对称性社会角色规约的言语作用力语境。非对称性社会标识性语境表现为交际一方向另一方请求原谅或者对另一方非礼，等等。非对称性言语情境与非对称性社会关系语境常常吻合，比如法官对当事人实施判决、老板解雇员工等等。但同时非对称性社会关系语境也可能与对称性言语情境重叠，比如上级感谢下级所做的工作、下级向上级行贿，等等。其余为社会中性语境。

社会角色向量的论证基础是情境规约和社会机制知识，其实质表现在交际双方的相互依存关系，非对称性社会关系可以扩展至大量但同时又是有限的情境，并分解成各种社会标识性行为类型：1. 法律和仪式行为；2. 道德作用力行为；3. 领导、从属和从属变更行为；4. 得到外部评价的品行行为。这四类社会标识性行为的划分基础是正式性、动态性、具体性和内在性特征。正式性特征使法律行为和道德行为（情感—意志行为）形成二元对立，比如逮捕、判决和原谅、指责等等；动态性特征产生离散性品行行为和欠离散性领导行为，比如指导、监督和降级、解聘等等；具体性特征成为局部行为和整体行为的比较参照系，比如允许、迫使和纵容、拘禁等等；根据内在性特征可以区分未得到外部评价的行为和得到外部评价的行为，比如禁止、指定和谄媚、觊觎等等。

法律行为和仪式行为具有最明显的社会标识性行为特征，其相应表达方式已经相当术语化，比如 accredit—to send abroad as an official representing the government（向国外派遣政府正式代表）；disfranchise—to take away the rights of citizenship, esp. the right to vote from（剥夺公民选举权）。这都是国家的领导权力。法律行为具有一系列形式特点，并且经常得到惯例性解释。法律行为的形式化展示在于追求分离其意义，而相应行为的细节则获得意义区分特征，比如：如果联合公报在总结会谈情况时只强调坦率性而未指明成果，那么就有理由得出双方立场分歧的结论。仪式性行为也以称名形式表达：inaugurate—to introduce（someone important）into a new place or job by holding a special ceremony; admit（person, esp. President of U. S.）to office etc. with ceremony（通过特别就职典礼提请某重要人物就任新职位；通过仪式接受某人特别是美国总统就职）。“美国总统隆重的就职仪式”作为美国人生活中的一个特别现象在词典中成为单列词条。

道德作用力行为具有情境性特点，并且不需要象征性的形式。交际个性之间的道德行为可以划分为情感因果行为和意愿因果行为两种类型，前者包括鼓励、夸奖、恭维、侮辱等行为，后者包括命令、请求、允许、禁止等行为。道德行为和法律行为之间并不存在绝对区别，最重要的道德关系在社会中被认同为法律，比如政权、生存、健康、财产、社会秩序、国家安全等等。

社会评价意义源于语言中固有的行为准则，而礼节规范在语言和个体意识中可能会发生偏差，但在这种情况下言语评价意义仍与语言评价意义相关联。评价性言语特点可以将某一与社会角色特点相关的言语特点系统分离出来。某一个人在进行具有道德或法律性质的评判时，依据的是人类行为的某些准则，并以社会的名义发布。相比之下，社会关系中性语境一般都比较委婉、幽默、抽象。社会评价意义与评价语句的语效性直接相关，道德作用力的结果表现为承认错误或不服从、抗议行为，而抗议行为或者是针对事实，或者是针对有关事实的解释，针对事实的抗议与交际者的社会性差异无关，针对有关事实解释的抗议使得交际另一方发出相应评判的权利受到质疑，因而是一种反对故意指控的行为。

四、结语

在语用—语言学对语言的描写模式中，交际者的社会角色是交际的最基本参数之一，并体现在交际准则、言语行为、交际范围、作用力手段、语句模态特征以及语言单位的语用意义之中。

发话人与受话人之间动态的社会关系成为一条特殊的交际线索，并与话题的发展线索相交。反映社会角色状况的语用—语言学特点表现在以下三种类型的范畴之中：具有社会语言学本质的因素范畴、具有纯粹语用—语言学本质的类型范畴和具有语言—语义学本质的方式范畴。

（原载《外国语言文学研究》2004 年第 3 期）

现代俄语研究的人类中心论问题

一、以人为中心的现代语言研究

以人为中心是现代语言学研究的主要特点之一。现代语言学的人类中心论（антропоцентризм）将人视为语言活动和言语活动的创造者。其中语言活动是指创造在时间及各层面上不断变化的语言，言语活动是指利用语言进行交流，也即对语句和话语进行编码和解码。人的意识在语言和言语活动中包含以下两个方面：

1. 外部世界，包括其现实的和想象的两个部分，它们在语言中或通过语言反映出来。这两个交织的部分常常以文学作品的形式出现，表现为人对其创作过程和对这一言语产品的阐释。

2. 内部世界，在语言中或通过语言反映为理性和情感，具体表现为人对世界的认识、思考、意向、情感、评价、态度等等[①]。

现代语言学正在积极进行一体化和分解化研究。一方面将各种科学学说和流派结合起来，将自然科学知识和人文社会科学知识结合起来，形成所谓的边缘学科，一个具体的反映是到处都在提“人的因素”，出现了一整套关于人的科学学科；另一方面则出现了越来越细的研究方法，使得学科分支越来越多。同时，随着对语言系统的各个层面的不断深入研究，出现了许多新的研究

① Н. Формановская, Коммуникативно-прагматические аспекты единиц общения, М., Русский язык, 1998, с. 4.

对象，如从语音学到语调学，在句法层次上研究语义和实际一交际（主题一述题）结构等。但总的来说，现代语言学探索的一个中心问题是，人是怎样使用语言的，同时也在探索语言单位中是怎样体现人本身的。阿普列相指出："众所周知，语言在很大程度上是以人为中心的。语言词汇中相当大的一部分是针对人、针对其内部世界、其对外部世界的理解、其体力和智力活动、其目的和与其他人的关系、其对各种事件的评价。"①

语言交流与社会生活密不可分。不同职业的人有不同的职业语言特点。神职人员、教师、导游、作家、诗人、记者、学者、行政人员、各种立法人员以及播音员、演员、翻译人员、解说员等都职业性地实现其发话人的功能或与其相近的话语转述、编码、译码、解码的功能。另外还有法律顾问、医生、售货员等。比如说，"医生的话可以治病也可以摧残人"②（Слово лечит и колечит）。

现代语言研究非常强调交际性。交际是一种活动，至少有两个参与者，并借助语言交换各种信息，以期达到交际和交际以外的目的，实现人们的社会生活以及在社会中的相互作用，对此则不能不考虑到语言学中较新的一个研究方向，这个方向被称为交际语用研究方向。

语言的系统结构描写已经十分清楚地确定了语言的各个层面，如语音、语法一词法和句法、构词、词汇和成语等。在此基础上语言学中又出现了各种研究方向和科目，它们使得人们能够更广阔地研究言语或话语中的语言现实，研究各种具体上下文中语言单位的功能机制。

语言的功能描写首先涉及语言单位的种种特征，它们存在于

---

① Ю. Апресян, «Хотеть» и его синонимы: заметки о словах, Филологический сборник, М., Языки русской культуры, 1995, с. 18.

② Н. Формановская, Коммуникативно-прагматические аспекты единиц общения, М., Русский язык, 1998, с. 6.

语言单位之中并在使用过程中表现出来。功能属于语言符号，而语言符号是三位一体的，即形式—意义—功能。语言的功能问题是指对语言本身、语言单位的总体和抽象的使用问题。当谈到一个动词的现在时时，指的是该形式各种意义的使用，即抽象于具体的言语情境和说话者等等。

交际研究方法揭示的是各种语言单位的特征，它们出现在交流之中，也即交谈双方在交换思想或情感过程中的相互交际作用。说话者正是在这种情况下实现其意向、社会以及其他纯粹的交际意义。语用研究方法考虑的是语言单位的某一意义要素，这一要素与使用语言的某一个具体的人密切相关，这个人的语言选择有明确的针对情景以及受话人社会特点的指向。由此可见，语言的功能研究方法、交际研究方法以及语用研究方法相互之间密切相关，并各自从其特定的方面相互补充。语言的交际语用研究是在语言体系结构研究的基础上发展起来的，相比之下，交际语用研究更能进一步说明交际意义传达的可能性。

在借助语言进行交流时，处于第一位的是言语行为的主体，即人。人确定了某种交际空间。语言的交际空间是一个相当广泛的领域，在这一领域中语言表现了说话人对客观现实各种各样的态度；使用语言进行交际的人可以指称各类事物，表达各种态度，而受话人则理解、接受和解析这些意义。

具体说来，意向的表达、主观情态——评价、情感状态的表达等等，存在于一系列语言构成之中。以感叹词为例，传统观点认为它们既不是实词也不是虚词，但近年的研究表明，感叹词本身具有两个功能变体，一个是感叹语气词（междометные частицы），在语句中起加强或区分等作用，这时它们是词法要素，即非实词性的虚词；另一个是感叹语句（междометные высказывания），其本身足以构成一个完整意义的会话语句，这时它们已不是词法要素。没有这些大量的充满情感、意向、评价意义的感叹语句，俄语口语便不可能存在，如：Вот это да! Ну и ну! Ещё бы! А как же! Как бы не так! Вот те раз! 等等。同样，语气词、插入词的情况也是如此。

二、言语主体的研究

Р. Якобсон 第一个提出了交际模式，即 адресант—сообщение—адресат—контекст—контакт—код。根据 Р. Якобсон 的观点，语言的基本功能与该模式相适应。В. Г. Гак 在语句情境结构中划分出以下要素：发话人和受话人、预设（共同的知识基础）、交际意图或意向及目的、现实的位置、时间和状况、交际双方的关系及其社会特征。И. П. Сусов 明确了用于语句或言语行为的交际情境结构：я—сообщаю—тебе—в данном месте—в данное время—посредством данного высказывания—о данном предмете—в силу такого-то мотива или причины—с такой-то целью или намерением—при наличии таких-то предпосылок или условий—таким-то способом. 范·戴克（Т. А. ван Дейк）将语篇视为语用上下文的交际事件，制定了各种交际情境的模式，包括交际参与者、现场存在的客观对象、语用上下文及交际参与者之间的关系、状态、事件、行为、各种情态一时间、可能的世界、各种情况等等[①]。列维茨基（Ю. А. Левицкий）提出以下话语生成的因素一情境的总体特点：正常的和极端的，合作的和冲突的；两个或更多的说话者：个体的和群体的；听话者：积极的和消极的；社会角色：平等的和不平等的；交际气氛：私下的和正式的；交际目的：报道的和命令的；交际对象：要求和不

① Т. ван Дейк, Язык. Понимание. Коммуникация, М., Прогресс, 1989, с. 37-77.

要求进一步说明细节；时间状况：有和无。[1]

上述学者论述的对象都是交际情境。还可以列举出很多学者有关交际或言语情境结构成分的论述。交际情境反映的是社会一交际活动要素之间关系的配置，并表现在语句或语篇的生成上，其中最鲜明的表现形式是报道。报道是说话者表达思想的方式，具有表现和表达功能；它借助于语言手段形成，反映一定的内容，因而也具有关联功能；报道中含有各种接触性言语组织手段，也即现实功能。当然，话语组织本身则属于元语言学功能范围。任何交际及话语或语篇的产生和接受都发生在社会情境之中。社会状况决定了各种交际范围的存在，如社会一政治、文化一历史、科技、教育、生产、行政一法律（法规）、宗教、日常生活等等。由此产生了各种功能语体和交际体裁。社会一政治生活的变化可以导致言语和交际的变化，如语篇话题的选择、词汇、语句和话语的结构以及交际范围等等。我们要从一般社会情境中划分出能生成言语的动态部分。事物特征情景形成句子的语义结构，与此不同的是，交际情境的特点是交际的总体状况、交际的刺激因素和参加者。交际情境可以理解为一个复杂的综合体，它包含交际的各种外部条件和交际各方的各种心理状态，并表现在言语作品之中，具体表现为语句、语篇。这一综合体一方面生成言语，另一方面又反映在言语本质的要素之中。

交际情境最重要的要素是谈话双方——发话人和受话人。这是语言的个性，一方面表现的是一个民族、一种文化、一种社会环境的典型的和概括的特点，另一方面表现的是个人的经验、知识、观点、价值取向、评价和态度。发话人（交际中刺激的一方）将受话人预测为一种特定的形象，并针对其使用共同的知识储备

① Ю. Левицкий, Параметры текстообразования, Екатеринбург, Тез. докл. и сообщ. науч. конф., 21–23 мая1992 г., Урал. гос. ун-т., 1992, с. 39-50.

和基础，选择谈话主题和层面，决定修辞定位等等。

发话人和受话人处于一个共同的、由各种事物和思想组成的世界里，这些事物和思想可能是具体的或抽象的、临时性的或经常性的、现实的或想象的、期望的或可能的等等。它们位于交际各方的身内身外，构成一个共同的事物背景以及语句所指和关联区域，也就是要说出点什么。因此，语句的特点是其含有的和想要表达的主题和意思，而这一切都体现在命题中。比如：Погода будет плохая! 说话者在进行这一针对受话人的报道时，表达的是自己的各种指向、情感、评价、态度、视角等等，因而也就创造出语句的主观和主观评述意义：Думаю, что звтра вряд ли смогу приехать. 发话人作为刺激的一方应该具有作为祁使原因的动机以及作为报道结果的目的。这里存在一个说话者交际意图和言语意向领域的问题，而且针对的都是客观现实。发话人的交际立场可以对受话人的交际立场发生作用，同时也可能受到受话人交际立场的反作用：受话人根据自己的知识、观点、价值取向、评价和态度等对对方报道的意思进行解析、接受或补充、反驳。

与言语主体研究密切相关的是目前众所周知的语用原则、准则以及交际策略的研究。学者们提出的主要是合作性的、礼貌的、起良好作用的以及和谐性的语用原则和准则。近些年来，学者们也在研究冲突性交际，研究其种类和形式、其社会和心理基础，其中一个重要的方面就是交际失误。从交际策略上避免冲突，化冲突为合作，这也是现代语言学研究的现实课题之一。与言语主体研究密切相关的还有社会语言学和心理语言学等。

三、语言个性的研究

研究交际，必然要研究作为语言个性（языкая личность）的说话者和听话者。语言个性是现代语言学的重要研究对象之一，它首先表现在交际之中，因而也产生了交际个性（коммуникативная личность）。

在社会化进程中，人们拥有了语言能力，即掌握语言的词汇、语法和语音规律及原则，扩大词汇量，调整用词和语法规范，掌握言语文化和修辞手段，由此人们又获得了交际能力，积累社会文化经验，掌握交际原则、准则、策略及交际行为的灵活体系，从而又获得了语用能力。因此，一个发达语言个性的标志是：1. 掌握语言系统及其规则；2. 掌握言语系统及其社会规范；3. 掌握各种复杂话语的创作技巧并具有接受能力；4. 掌握交际过程中彼此的社会和心理角色；5. 掌握各种合作性和冲突性交际的语用原则；6. 掌握伦理和礼貌规范。

每一个语言个性都是独一无二的，都有其语言和社会文化积累，有其交际价值系统。语言个性的语句和话语生成状况说明一个人的言语交际能力。尽管语言个性各不相同，但每个人的言语都受制于语言或言语规则，因此，语言个性类别的划分是可能的。与语言个性的语言学问题和社会教育问题相关的是所有言语学科：功能修辞学（функциональная стилистика）、言语修养（культура речи）、演说学（риторика）、话语语言学（лингвистика текста）、心理语言学（психолингвистика）、认知语言学（когнитивная лингвистика）、社会语言学（социолингвистика）、民族语言学（этнолингвистика）、辅助语言学（паралингвистика）、语言—语用学（лингвопрагматика）等等。

每一个语言个性都可以划分为交际角色、社会角色和心理角色，这些角色的总和组成了各种言语品行，生产出无限的语句和话语。交际角色是由交际者所处的位置决定的：1. 说话者（发话人），2. 听话者（受话人），3. 作为交际积极参加者的间接听话者，4. 作为交际消极参加者的旁观者。交际角色的转换产生了会话。角色转换的艺术决定了语句交接、话题转换、策略转换、语体转换等等。由于在会话过程中说话者经常变成听话者，听话者经常变成说话者，所以分析会话时习惯于用 Г1（говорящий 1）和 Г2（говорящий 2）来表示双方角色，而不是用 Г（говорящий）和 С（слушающий）表示。

说话者的言语具有动机、目的，表达一定的意向、情感、评价、态度以及对受话人反应的期待等等，此外还有适应受话人的话题、语体等等。说话者言语的特点是其对现实的指向，即反映在语句中的述谓和所指、主题—述题实际切分、正式或非正式交际气氛、修辞手段选择、具有语指功能及可能的语效结果的言语行为的形成、受话人一系列社会和心理角色。苏索夫（И. П. Сусов）认为，决定语言个性类型的是这样一些重要成分，如言语行为、步骤、手段、策略、谋略的总体类型，实现交际准则的特点，使自己言语行为适宜的技能，协调各种语用类型的言语行为能力①。苏希赫（С. А. Сухих）认为，说话者对话题和对方言语行为的反应方法至少有六种：一致性反应（如 приветствие—приветствие）、双方预先推定反应的重合（如 упрёк—извинение）、竞争性反应（如 упрёк—упрёк）、延迟性反应（如 упрёк—переспрос）、校正性反应（如 вы не совсем правы ）以及忽略性反应。会话中的反应主体（реагирующий субьект）在其反应语句中具有所有以上特点，同时与此前的刺激语句有依赖关系②。

交际过程中说话者的显著特点是展示其个人的社会和心理角色（如上级、下级，成年人、孩子等），表现更大的主动性和交

---

① И. Сусов, Прагматическая структура высказывания. Языковое общение: единицы и регулятивы, Межвуз. сб. науч. тр., Калинин, КГУ, 1986, с. 7-11.

② С. Сухих, Языковая личность в диалоге. Личностные аспекты языкого общения, Межвуз. сб. науч. тр., Калинин, КГУ, 1989, с. 71-77.

际分量，确定话题、策略，以便顺利地对受话人发挥作用。然而，受话人在发话人话语形成过程中所起的作用非常之大，以至于受话人因素如今已经成为专门的研究对象。听话者要接受对方的报道，根据认知规则解析对方话语的意思，明确对方潜在的话语预设和隐含并做出适当的反应。

旁观者是一个更加消极的交际角色，这一角色或者是被交际吸引过来的，或者是被排斥出去的。旁观者（包括间接受话人）没有校正别人言语及反问的交际权利，是一个部分的和消极的交际主体。他可以在内心评判别人的言语品行，可以给自己提出有关的思考和讨论题目。交际中观察到的情境对旁观者会发生作用，改变其信息界域、情感状态，促使其做出某种决定等等。因此，旁观者同时既是间接交际主体，又是交际客体。

说话者的社会角色是影响话语生成和接受的语言学外部因素。不同的社会属性和特征直接反映在人们的言语活动中：发送话语的形式和内容以及接受话语的形式和内容多种多样。听话者可以根据一段非中性的言语轻易地判断对方的某些社会成分。

社会角色的概念由社会学进入语言学（社会语言学）。社会角色形成于一个人在社会中占据的地位、这一地位的功能以及该地位和功能造就的某一个标准模式。由此也产生了言语或角色预期等概念。社会角色的不同规定了每个人责任、义务和权利的不同。而权利和义务又界定了社会角色和社会预期。如果言语或角色品行遭到违反和破坏，将会引起一系列反面的后果；如果言语或角色品行高于一般的规范，则会引起一系列正面的效果。

社会角色与心理角色相关，二者构成一个统一体。群体中的个体心理角色形形色色，所以，语言个性的心理角色具有无限的表现形式。如果一个人在某种交际圈里形成了一定的社会—心理角色，他很难摆脱这一角色的限制，但这并不意味着他在另一种交际圈里依然如故。

说话者一方面具有常性的社会特征和地位，另一方面也有变性的社会角色，二者是有区别的。常性特征包括一个人的生物性别、出生地、居住地及受教育地，此外还包括一些单方面的，而且变化不快的特征，如年龄、受教育程度、职业等等。值得一提的是性别言语特征的研究。众所周知，根据性别特征社会分成男人和女人。尽管他们都使用同一种民族语言，但在话语构成上仍然存在差异。美国和欧洲都有研究男性和女性言语的传统，称之为性别语言学（гендерлингвистика）。俄罗斯在这方面的研究刚刚起步。变性社会角色的特点是指同一个人可能同时具有若干个社会角色并不断地予以变换，比如，一个人可能既是父亲又是儿子，既是教师又是学生等等。变性社会角色与有常性社会角色一道构成了社会与语言相互作用的复杂图画。

四、受话人因素的研究

адресат 这个概念从字面上看就已经很清楚了，它与адресант 相对，是接受话语的一方，这种话语可以是口语形式的，也可能是笔语形式的。以前提到 адресат 时，主要是指 тот, кому отправляют письмо, телеграмму。然而，现代语言学的交际一语用研究方法拓宽了 адресат 的概念。可以认为，受话人是各种话语特点各异的共同作者（соавтор），因为各种言语作品都是针对受话人的。目前对受话人有以下分类：

1. 假设的受话人。比如，向上帝、某种至高无上的力量发话；与自然界和事物交谈；同家养的或野生的动物交谈；向自己发话，也即同自我交谈等。谈话对方，即这种受话人，是无法做出回答反应的，如：О Волга, колыбель моя...; ...и ты один мне

поддержка и опора, о великий, могучий, свободный и правдивый русский язык.

2. 笼统预设的受话人。作家一般要预设这种受话人。无论什么情况下，作家创作某一作品而不考虑任何接受对象，完全排除读者因素，他将无法完成这部作品。所以，作家在创作过程中要直觉地感受到自己潜在的读者。可以说，排除了 адресат 的因素，便不会有任何作品。因此，很多作品对各种社会人群都具有较强的针对性，如儿童文学、青年文学、女士文学等。其他功能语体的作品也同样针对特定的受话人，如科技、政论、公文语体的作品等。例如，广告追求的是对受话人直接进行心理和生理作用，对受话人的指向很强烈，包含作用力很强的刺激语言形式、结构等。

3. 公众受话人。如听课的学生、各种集会或会议上的听众等。针对这些受话人所发出的话语也将受到受话人作为共同作者因素的影响，这种因素确定了话语的功能语体和体裁；话语的综合结构—描写、叙述、定义、说明、论证、教导等；元语言（метаязык）—词汇、句法结构、术语、情感程度以及元话语结构（метатекстовые конструкции）， 如 Мы уже указывали; Рассмотрим пример, Попробуйте определить 等等。

4. 个人之间直接接触的具体受话人。对这种受话人的话语指向受制于交际场景、交际者的社会角色和心理状态。这种受话人可能是熟人，也可能是陌生人，可以在正式场合，也可以在非正式场合，关系上可能是亲近的、热情的、友好的，也可能是冷淡的、紧张的等等。任何言语行为都是指向受话人的，旨在满足其预设和意向期待，以期达到语效和结果。交际角色 я 和 ты 的转换标志着会话的发起者和回答者以及他们的言语策略和交际意向的实现，其中交际双方相互作用的语用方式是十分丰富和多样的。从语言的结构角度看，发话性质较强的是一些第二人称代词和动词形式、动词不定式、疑问句式，以及称呼语、礼貌言语等等。失去具体的受话人可以导致语言结构和语用的改变并形成某种修辞格，如 риторический вопрос: —Кто не знает Пушкина?! риторическое обращение: —О русь! эмоциональное восклицание: —И когда всё это кончится!

5. 间接或第二受话人。第二受话人也可以成为话语生成的参与者，如电视、电台访谈、圆桌会议等。电视上两个或几个人进行双方或多方交谈，不同于无准备、无拘束的自然交谈，这种问答方式的交谈首先针对的是众多的间接受话人——电视观众。即使是个人之间的交流，间接受话人同样也起着很大的作用。但也有另外一种情况，在交际双方的交际空间里有第三者存在，他不仅影响着交谈，还要受到间接的作用力。旨在让第三者接受的交谈情况是很多的。

可以做出这样一个结论，受话人作为话语的解释者或阐释者，要根据其交际目的接收信息、理解信息并对所接收的信息做出反应。这些都直接影响发话人的话语创作和生成。所以说，受话人也是话语生成的参与者。

（原载《’99 中国外语博士论坛》2001 年第 1 期）

关于俄语交际—语用研究的几个问题

语言的交际—语用研究基础，是一系列所谓的言语研究学科，包括功能修辞学（функциональная стилистика）、言语修养（культура речи）、演说学（риторика）、话语语言学（лингвистика текста）、心理语言学（психолингвистика）、认知语言学（когнитивная лингвистика）、社会语言学（социолингвистика）、民俗语言学（этнолингвистика）、辅助语言学（паралингвистика）等等。对语言交际理论研究做出实质贡献的则是语言—语用学（лингвопрагматика），其描写核心是言语行为（речевые акты）和言语品行（речевое поведение）。

以人为中心是现代语言学研究的主要特点之一。现代语言学的人类中心论（антропоцентризм）将人视为语言活动（языковая деятельность）和言语活动（речевая деятельность）的创造者。其中语言活动是指创造在时间及各层面上不断变化的语言，言语活动是指利用语言进行交流，也即对语句和话语进行编码和解码。现代语言学探索的一个中心问题是人如何使用语言，同时也在探索语言单位中如何体现人本身。交际是一种活动，最低限度有两个参与者，并借助语言交换各种信息，以期达到交际和交际以外的目的，以期实现人们的社会生活及人们在社会中的相互作用，对此则不能不考虑到语言学中较新的一个研究方向，即交际—语用研究方向。

语言的系统结构描写已经十分清楚地确定了语言的各个层面，如语音、语法中的词法、句法、构词、词汇和成语等等。在此基础上语言学中又出现了各种研究方向和科目，它们使得人们能够更广泛地研究言语或话语中的语言现实，研究各种具体上下文中语言单位的功能机制。因此，当语言系统结构研究穷尽其描写对象之时，语言学向深度和广度发展则成为必然。

俄语的交际—语用研究目前在俄罗斯语言学界相当普遍，其进一步发展趋势十分明显，并涉及许多方面。本文试就其中的几个核心问题做一些基本的描述和探讨。

一、基本交际单位的研究

交际—语用研究方法一方面注重交际者本身，另一方面注重语言—言语现象中的语用因素。交际属于总体意义上的人类交流，语用则与发话人、受话人、他们的社会地位和角色关系、交际情境、相应交际单位的选择和具体使用及某些社会性禁忌有密切的关系。同样，交际和语用之间的关系也是不可割裂的。语用学对各言语研究学科起结合作用。

语用学由符号学进入语言学。符号学（семиотика）是一种符号系统理论（теория знаковых систем），C. Morris 将其划分为三个分支：语义学（семантика）、句法学（синтактика）和语用学。语义学研究符号与现实对象的关系，即符号意义（значение знака）；句法学研究符号之间的关系，即符号联系（связь знаков）；语用学研究符号使用者与符号的关系，即符号与人（знак и человек）。由此可见，新的语言学内容、人文中心论原则、对语言中人的因素的考虑导致了语用学研究的发展。

阿普列相（Ю. Д. Апресян）对语言—语用学的定义比较广泛：

“我们可以把语用学理解为固定在语言单位（如词素、词缀、词法及句法结构）中的说话者对以下要素的态度：1. 现实；2. 报道内容；3. 受话人。”[①] 这里的态度可以解释为具体上下文以外的语言单位中的评价意义，为使用者所掌握。评价意义或态度具有语言单位的修辞特点，语用意义上的评价将三种态度融为一体：对客观对象、对语句内容组织手段的选择和对受话人。阿普列相从说话者态度这一角度对各种评价进行了详细分类，并证实语用态度要比修辞评价广泛得多。

运用交际—语用学方法描写语言，注重的是交际单位，并不考虑词素、词缀、词法及句法结构的语用性，这与一般普通语用—语言学的研究方法不同。从这一角度出发，交际—语用学描写的中心是交际单位，即语句（высказывание）、话语（текст）、语篇（дискурс），它们都在一定的情境中生成和被接受。

语句与句子（предложение）关系非常紧密，但有本质区别。句子是语言单位（единица языка），其系统结构的句法层面具有结构和语义机制。句子结构反映述谓要素（предикативные компоненты），即客观句法现实或非现实情态、句法时间和句法人称。因此，述谓性是将结构性句子改变成交际性语句的潜在因素。句子的语义反映事物特征的情境并表现在命题中。“命题可以理解为情境面貌，或者现实世界及其他可能存在的世界的事实，在句子中作为意义出现。”[②] 从句法语义角度看，句子反映的客观事物特征由情境及相互关系密切的参加者群体组成。这里的参加者指的是：агенс——积极的行为发出者，поциенс——消极的行为接受者等。特征泛指特点、状态、过程、行为、态度等等。句子的结构和语义模式数量庞大，一直延伸到单部句甚至独词句。句子

① Ю. Апресян, Избранные труды, Том 2, М., Языки русской культуры, 1995, с.136.
② В. Богданов, Речевое общение, Л., ЛГУ, 1990, с. 69.

的命题以及句法结构使句子成为潜在的交际单位，成为语句的基础。而语句则具有一定的词汇填充性和声调表现性（лексическое наполнение и просодическое оформление）。语调正是语句的特点之一。但正像前面提到的那样，语句和句子是密切相关的，有时研究人员将它们并提（предложение-высказывание）。因此，传统句法将句子划分为повествовательное, вопросительное, побудительное, 以及按语句的目的划分出восклицательное，实际上已经考虑到了交际问题。

巴利（Ch.Bally）提出了一个著名的切分方法，将句子切分为диктум（пропозиция，客观评述）和модус（作者对диктум的态度，主观评述）。这里也涉及语句问题，因为主观评述部分反映的是说话者的态度和评价[①]。语句的主观评述指的是主观意义的集合体，它显性地或隐性地存在于语句之中：Я считаю, что...; Я думаю, что...; Я вас уверяю...; Видите ли...; Как вы догадываетесь... 等等。根据什梅廖娃（Т. В. Шмелёва）的观点，对主观评述特点的分析不能脱离“说话者”“交际意图”“交际策略”“言语品行及准则”“言语行为”“言语体裁”等概念，而这些都是交际—语用学的概念[②]。主观评述隐含在许多语言结构中，表达я хочу, я считаю, я могу等意思。比如Воды！这样一个语句中蕴含的是Дайте воды, Я прошу воды, Я хочу, чтобы мне дали воды的意思。语句Какой он художник!（具有一定的声调）表达的意思是：Я считаю, что он плохой художник（не художник）. 正像上面例子所展示的那样，很多传统句法中表相结构的句子具有主观及主观评述内容，可能是显性的，也可

① Ш. Балли, Общая лингвистика и вопросы французского языка, М., Издательство иностранной литературы, 1955, с. 55.

② Т. Шмелёва, Субъективные аспекты русского высказывания, Дисс. в виде научн. докл…докт. филол. наук, М., 1995, с. 35.

能是隐性的。简而言之，主观评述表现的是作为个性的人，及其评价、观点、态度、价值取向等等。可以看出，如果说客观评述首先与语义学有关的话，那么主观评述则直接与语用学有关。

话语是一个比语句更复杂的单位。句法学家20世纪中期开始注意由若干个句子组成的更大、更完整的单位并对此进行研究，提出许多术语，如：复杂句法整体（сложное синтактическое целое）、超句统一体（сверхфразовое единство）、句段（абзац）、散文段（прозаическая строфа）等等。最初人们探索的是语法层面的话语范畴。穆尔津（Л. Н. Мурзин）认为："语法就是话语形成规则的集合，它一方面要保持话语的连贯性，另一方面要为这种话语成分提供相当明确的界定。"[①] 对连贯性和完整性话语范畴的划分和分析说明，若要揭示话语的本质，必须跳出单纯句法和语义的圈子，进入交际层面。语义研究方法只能在话语中划分出主题统一体，而交际研究方法则能划分出语句线性的主题—述题组织方式及话语中语句的交际—语指功能的制约性，这使得话语不再是一个静态的结构形式，而是一个动态的交际语篇。当今对话语和语篇的理解是：主题和语法上完整的言语作品，能够满足语句展开的连贯性条件，具有作者的交际目的和言语意图[②]。因此，话语分析要考虑语法、主题—语义及其他综合成分，还要考虑纯粹的交际成分。正是语句及话语这一层面的研究提出了受话人对言语接受和理解的问题，并导致认知语言学的产生。

---

① Л. Мурзин, Грамматика и текст. Теория текста: лингвистический и стилистический аспекты, Екатеринбург,Свердловск: Изд-во Уральского ун-та,1991, с. 16.

② Н. Формановская, Коммуникативно-прагматические аспекты единиц общения, М., Русский язык, 1998, с. 40.

二、言语行为的研究

言语行为理论是语言—语用学的核心，其研究内容之广泛，足以成为一个独立的学科。关于言语行为理论国内已有不少介绍，这里只想谈谈俄罗斯语言学界对言语行为种类的研究。

言语行为的分类建立在其语指（意向）功能上，这种功能也是语句所拥有的。包括言语行为理论奠基人奥斯汀（J. L. Austin）在内的众多学者都曾尝试划分言语行为的种类，其中较为成功的是塞尔（J. R. Searle），其言语行为分类有五种：1. 报道行为（репрезентативы-сообщения），肯定事件的某种状态，如 Я утверждаю, что экзамен нетрудный. 2. 祈使行为（директивы-побуждения），说话者试图促使听话者完成某种行为，如 Прошу вас подвинуться. 3. 承诺行为（комиссивы-обещания），如 Обещаю вам сделать это. 4. 情感表达行为（экспрессивы-выражения психического состояния），包括礼貌言语，如 Благодарю вас. 5. 宣示行为（декларативы-декларации），如 Обьявляю собрание открытым.[①]（1，152）但这五种言语行为并未能覆盖所有类型的语句，因而许多学者尝试明确已有的分类并创造出新的分类，使各种分类从五种达到十八种之多。这些分类表现的只是不同的抽象程度，其实报道行为可以是肯定、否定，也可以是通知等等；祈使行为可以是请求、命令、建议，也可以是邀请等等；承诺行为可以是许诺，也可以是发誓等等；礼貌符号可以是欢迎，也可以是道歉、同情、慰问等等；宣示行为可以是命名、宣判，也可以是任命等等。

有意思的是，阿普列相对施为动词（перформативные глаго-

① Н. Формановская, Коммуникативно-прагматические аспекты единиц общения, М., Русский язык, 1998, с. 52.

лы）做了一个分类，划分出十五种此类动词：1. 报道和肯定动词（сообщения, утверждения）；2. 承认（供认、坦承）动词（признания）；3. 允诺动词（обещания）；4. 请求动词（просьбы）；5. 建议、劝告动词（предложения и советы）；6. 警告、提醒、预言动词（предупреждения и предсказания）；7. 要求和命令动词（требования и приказы）；8. 禁止和许可动词（запреты и разрешения）；9. 同意和反对动词（согласия и возражения）；10. 赞赏动词（одобрения）；11. 谴责动词（осуждения）；12. 宽恕动词（прощения）；13. 言语礼节动词（речевые ритуалы）；14. 社会性的传递、撤销、拒绝等行为；15. 命名和任命动词（называния и назначения）。阿普列相列举的这些类型的动词只用于直接的施为行为，比如：сообщаю, признаюсь, обещаю 等等[①]。

但现实交际中的情况要复杂得多，一个语句可以具有几个语指功能，语指力量的判断可能由于意向意义的含糊不清而遇到困难。比如，祖母对前来的孙子说：Ишь, какой вымахал—высокий да красивый! Ума бы только хватило, а то дружки у тебя, мать пишет, какие-то не такие. 上面几个语句间接地表达了几种意向和情感：赞赏、祝愿、责怪、担心，甚至还指出了消息来源：мать пишет. 因此，这里有一系列言语行为：Я радуюсь и восхищаюсь тобой; Я желаю тебе вести себя разумно; Я опираюсь на сведения твоей матери о твоих друзьях; Я их осуждаю; Я опасаюсь, что ты будешь следовать поведению своих друзей. 我们观察口语时可以发现，语句的意向与情感、评价常常是交叉在一起的，这给分类工作造成一些困难。尽管如此，基本的分类还是需要的。

福尔玛诺芙斯卡娅（Н. И. Формановская）认为，应该将询

---

① Ю. Апресян, Избранные труды, Том 2, М., Языки русской культуры, 1995, с.178.

问行为（вопросы-рогативы）作为单独一类从祈使行为中划分出来，因为询问有祈使的一面，即促使受话人做出回答，提供信息，但询问含有的一些语义因素仍然是典型的祈使所没有的。为了使问题出现，说话者的心态要有以下三个预备条件：1. 我不知道（否则问题不会出现）；2. 我想知道（否则问题也不会出现）；3. 我促使你提供知识或信息。这里只是第三个条件才可以生成具有祈使意义的询问。此外，还有好多因素都要求将询问单列为一种言语行为，即询问行为。根据福尔玛诺芙斯卡娅的意见，情感表达行为种类应该单纯化，只表示情感、评价、态度。这种言语行为的表达尤其需要许多感叹词构成的语句：А как же! Ещё бы! Ну и ну! Вот те раз! Как бы не так! 等等。还有一些代词要素构成的语句：Какое там умный! Где там устроился! Что уж говорить! 以及否定意味的语句：Очень нужен ты мне! Нужна мне ваша помощь! 礼貌言语符号的错位：Нет уж, спасибо! Ну ты вляпался, поздравляю! Здравствуйте, как же мне с этим справиться?! 等等。至于礼貌言语，与其说与情感和评价有关，不如说与社会规则和言语品行有关，这种言语的使用是为了建立和保持社会接触，因此应该从情感表达行为中单列出来，作为一种礼貌表达、接触行为、社会行为（этикетные выражения, контактивы, социативы）。有时，出于礼貌的需要，说话者可以没有任何情感感受，甚至可能具有与语句表达相反的感受，比如：Рад вас видеть. От всей души благодарю. Я вам так сочувствую. 等等。根据这一观点，她划分的言语行为种类是七个，并认为这是一个最低限度的概括[①]。言语行为分类的数量取决于抽象和概括程度。

① Н. Формановская, Коммуникативно-прагматические аспекты единиц общения, с. 154-155.

三、交际失误的研究

交际失误（коммуникативные неудачи）在人们的交际中经常出现，这也很自然，因为接受和表达方面的误解是伴随自然交际的必然现象。比起经过加工的笔语，未经准备的自然口语含有更多的不准确和误会因素，从而导致失误。交际失误是会话研究的典型问题。

交际—语用学对交际失误逐渐进行了一定的研究。“交际失误我们称之为交际对方对语句全部或部分的不理解，即说话者未能全部或部分地实现其交际意图。”①（6，31）学者们认为交际失误取决于各种原因，指出了使其产生的语言单位特点：对说话者交际意图不正确的理解、巧妙的言语行为（манипулятивные РА）、对第三者话语的非等值传递、语用因素以及对某一描述（дескрипция）的反应等等。这些研究涵盖了各种交际失误。俄罗斯语言学界很早就开始研究交际失误问题，而且不仅研究自然交际，还研究“人—机对话”（человек-машина）。

交际失误的直接原因就在于理解困难。至于不理解，交际双方都有责任。Пешковский 曾经说过，一个人最终能透彻理解的只是他自己（1，230）。心理语言学研究表明，笔语传递的信息的理解率也不是想象的那么高。认知语言学和心理语言学中的理解问题涉及理解机制，以及导致不理解的一系列原因。交际中的不理解与障碍由许多情况引起，可能是外部的、超语言的因素，也可能是语言自身的因素。

交际失误通过对方的反应得到印证。比如，干脆没有反应

① О. Ермакова, Е. Земская, К построению типологии коммуникативных неудач. Русский язык в его функционировании. М., Наука, 1993, с. 31.

（没听见，没听清，认为没有回答的必要，受到了伤害），或者反应与说话者的预期不符，常见的情况如下：—Ты зачем вчера брал Колины коньки?!—Не вчера, а послезавтра. —Ты прекрасно понимаешь, о чём я говорю. 说话者的意向为否定（不赞成拿别人的东西）和禁止（不能再拿了）；回答者有意或偶然地混淆注意力焦点和事件的时间。因此，交际失误无法满足说话者的真正交际意图和预期，上例中的回答被证明是一种言语策略，或者说是一种狡猾的回避方法。

交际失误一般不会导致对全部话语的误解，反映语句所表达的否定评价、促使对方改变言语方式、反问、请求明确解释等，最终是可以消除交际失误的（这里指的是合作性交际）。彻底的交际失误将导致接触中断。

交际失误的产生有各种深层的原因，社会、文化及心理差异导致交际失误的例子比比皆是，不胜枚举。在同一民族文化背景下也可能出现交际失误。以俄语为例，由于交际者对客观现实的心态模式各异（разные ментальные модели фрагмента действительности），交际失误屡见不鲜。与此相近的是对客观现实评价的不一致：—Это что за гадость такая? —Мочему гадость? Это не гадость, это любимая морская свинка! 如果交际者感到对方没有摆正自己的位置（即心理—社会角色、地位等），也会产生交际失误。这种情况常常与宣示和祈使言语行为有关，交际者认为对方没有如此之大的权力进行命令、要求和宣示等，因而对此会做出不满意的反应。交际失误产生的原因还可能是违反了交际地点和时间条件，或者是第三者的妨碍，这时对方就要校正说话者言语行为的适宜性：—Не здесь об этом. —Не будем сейчас это обсуждать. 等等。违反包括礼貌原则在内的言语品行规范也可导致交际失误，从而引起对方予以纠正的反应，比如：—Хоть бы слово доброе сказал. —Похвалил бы наконец! 交际失误有时也会因为对方情绪、情感变化而产生，比如，对方情绪不好，就会做出意外的反应，使说话者的言语行为产生无法预见的语效和后果：—Куда ты положила словарь? —Никогда больше не буду убираться в твоём кабинете! 问题被理解成责怪，受话人生气了：—Ты почему жаришь картошку на сливочном масле? —Могу и на постном, если тебе не нравится, а могу и вовсе не жарить. 问题导致的反应与上例一样。由于询问性言语行为既有疑问的一面，又有表达各种不同意向的间接言语行为性质，所以容易造成交际失误：—Зачем ты Сашу позвала? —Он что, мешает тебе? —Да нет, я не возражаю, я просто спрашиваю. 受话人经常有意忽略说话者的言语意向，做出与之不相符合的反应：—Я вчера говорил по телефону с Аллой Пугачёвой. —Как, тебе уже поставили телефон? 在上面例子中，说话者的意向实际上是一种炫耀，受话人意识到这一点，便将注意力焦点从 Алла Пугачёва 转到电话上来了。不正确的预设和隐含也会导致交际失误：—Позовите, пожалуйста, Новикова. —Его здесь нет. —А когда он будет? —Он у нас больше не работает.

许多交际失误是语言单位本身造成的，其中一个重要原因是某些词汇和结构的多义性及所指关联不明确。比如：—Наш Илья Васильевич всё копает и копает. —На даче, что ли? —Зачем на даче. Он материал для диссертации раскапывает. 又比如，本来个子就很高的 Елена Викторовна 穿了一双高跟鞋来上班，教研室主任对她说：—Лена, как вы оцениваете свой рост? —А что, на каблуках мне плохо? —Какие каблуки?! Я думаю, вам пора подавать на доцента. 除了多义性外，一些同形、近形词也可能导致交际失误：—Это очень эффектный ход. —Не вижу ничего эффектного, просто он результативный. —Ну да, я это и хотел сказать. —Тогда эффективный. 对语法手段意义的不确切理解也经常导致交际失误：—Он у неё больной. —Что-нибудь храническое? —Да нет, ангиной сейчас болеет. 语法结构导致的交际失误最容易出现在疑问形式上，这在前面已经提到过，再举一例：—Какой сегодня день?! —Четверг. —Да разве я об этом? Ты посмотри, какое солнце! 对所指事物指示不明确，引起模棱两可及交际失误，比如在商店里：—У вас сахар есть? —Нет, только песок. —Есть в доме масло? —Есть, конечно. —Ну, так поставь на стол, сделаем бутерброды. —Масло-то растительное. 使用一些某个狭小交际圈子里通行的机会词（окказионализм）和杜撰词也是造成交际失误的典型原因，另外一些行话、方言也一样。比如：—Эти грибы у вас зимушники? —Как это? —Ну на зиму пойдут или сейчас сьедите? —Она очень хороший словообразователь. —Что, что? —Словообразованием занимается.

交际失误的种类很多，原因也很多，上面提到的只是一部分。无拘束的会话中交际失误现象几乎是不可避免的，但是，当我们进行公众和大众交际时，或者创作书面话语时，就要极力避免交际失误，尽管受话人对话语作者用意的理解原则上并不很高。

（原载《中国俄语教学》1999 年第 4 期）

俄语交际单位研究中的语法范畴问题

一、引言

布雷金娜（Т. В. Булыгина）在研究语法范畴和语义范畴的关系时指出，从语法角度研究句法语义需要解决两个问题：1. 各种具体的语句都会表现出各种不同的意义，而哪些意义上的差异适合划入语法研究领域；2. 语句的各种意义如何与构成语法形式和句法模式的语义产生关联，也即各种语法范畴的语义对语句意义形成的参与程度如何。[①] 这一观点涉及另外两个重要问题：所有非词汇性形式差异的句法意义问题和语法语义领域中语句结构模式的词汇填充问题。对以上任何一个问题的单纯肯定或否定都有失偏颇。目前的一个倾向是放弃将形式结构与意义结构等同的研究方法，因为语句结构上的趋同并不意味着语法上不可分解，无论词法范畴还是句法范畴在语义方面都普遍具有明显的非同一性特点。从语用视角看，狭隘的形式研究方法只关注语句的句法结构，却忽视语句形式结构与语旨之势的背离现象，因而试图探察所有的言语意图，并建立理解自然话语的自动体系。形式结构研究方法的结果明显不完整，而语用研究方法的目的原则上还没有完全实现。鉴于这种情况，对各种语言学理论的综合研究显得

① Т. Булыгина, А. Шмелёв, Языковая концептуализация мира, М., Языки русской культуры, 1997, с. 15.

十分迫切和必要。当代语言学研究面临这样一个突出的现实：如果言语行为理论不应该包含语法的话，那么语法也应该包含言语行为理论。

二、语义范畴与语法范畴

在语言学发展过程中的后结构主义时代，语义学研究受到特别关注。与此同时受到关注的还有词汇层面以上的语言单位的研究，精确而全面的描写方式在语言学研究中占据越来越重要的位置。这一总体趋势不仅要求扩大语义学研究对象的范围，而且要求重新审视和确定对语义学传统研究对象的研究方法。这使得词汇和语法意义的研究要服从于语句整体意义的描写，从而精确地判断语句所有语义要素相互作用的类型和特点。对于语句各种意义要素作用的研究有一定的复杂性，需要对语言意义做出普遍可以接受的分类，而相应的语法意义在语言意义类别中也需要占据一个普遍可以认同的地位。

关于语法意义和语法范畴的传统理解相当广泛。语法意义在本质上至少可以分成三类：1. 词法范畴意义；2. 功能范畴意义；3. 交际类型意义。在研究语法意义本质时应该考虑这样一些重要的因素：1. 屈折变化特点；2. 句法关联特点；3. 某一层面语言单位意义的类同性；4. 表达方式的标准性和常规性。在现代语法学研究中，上述考虑因素都可以归结为一点，即语法意义的强制性（обязательность）①。强制性指的是某种语言单位的语法范畴和语法意义的必然表达，比如在使用名词形式时不可能不考虑单复数问题。语法的强制性揭示了各种不同语法意义之间关系的一些

① Б. Серебренников, Общее языкознание, Внутренняя структура языка, М., Наука, 1972, с. 206-209.

重要特征，使表层形式和深层语义的具体分析得出了各种不同的理解，也即无论表达何种意义，语义范畴的特定形式标记都是语句的必需要素，或者无论具有何种目的和需求，特定意义的表达都与强制性有关。严格地说，直接的形式表达特征并非是确认某种语法意义的足够和必要的依据。从纯粹的语言学角度看，表达方式的区分非常重要，其相应的特征在语言意义分类中肯定要予以考虑，这种特征有助于对语法意义和非语法意义进行区分。不过，这一区分的隐性特点也容易引起争议，因为它涉及常常被忽视的隐性语法范畴。

隐性语法范畴（криптотип）是与显性语法范畴（фенотип）相对的术语或概念，由美国语言学家沃尔夫（B. L. Whorf）提出并将其定义为“在句子中一般未能得到表示却又在某些类型的句子中产生特别现象的范畴”①。对于某些语言单位而言，可以划分出变态和常态两种隐性语法范畴，前者包含语句中产生的非词汇意义，比如确定和非确定意义，以及很多所谓的词法范畴的个别意义；后者包含很多描述所谓词汇—语法种类的意义，比如生命体意义（значение одушевлённости）。变态隐性语法范畴的划分与词汇多义性和语义非确定性的区分有关，也与具有各种指称潜力的统一形式意义变体的区分有关。这一问题尚未得到明确的解决。有些语句或许可以产生两种不同的解读结果：1. 以主语形式出现的人物是真正的施为主体；2. 以主语形式出现的人物仅仅是施为因素。这种情况有可能成为设定俄语中直接施为主体和间接施为主体这一隐性语法范畴的依据。例如：Она хорошо причесалась. Он лёг в больницу. 词语的指称关系也有可能属于隐性语法范畴，有些形式各异的语句可以得到意义相等的

① Э. Хэмп, Словарь американской лингвистической терминологии, М., Прогресс, 1964, с. 194.

解读。例如：

1. Доктор хочет купить новую квартиру, которая находится в Москве.

2. Доктор хочет купить одну новую квартиру, которая находится в Москве.

3. Доктор хочет купить какую-то новую квартиру, которая находится в Москве.

4. Доктор хочет купить какую-нибудь новую квартиру, которая находится в Москве.

具体指称和抽象指称两种意义的区分是俄语语法的本质特点，上述语句 1 的多义性（并非语义的模糊性）在进行句法改造之后仍能显露出来，即可推定的具体所指和不可推定的抽象所指：

1. Новая квартира, которую хочет купить доктор, находится в Москве.

2. Квартира, которую хочет купить доктор, должна быть новой и находиться в Москве.

因此，实指和泛指的对立应该被视为特殊的隐性语法范畴，这种对立在表达客体与主体的关联性和非关联性时具有外在的呈现。当然，某一层面的语义共性并不能成为划分相应语法范畴的依据，这一点不仅适用于显性语法范畴，而且也适用于隐性语法范畴，俄语中具有非语法特点的各种语义聚合体系都属于这种情况。在研究语义区别时，需要对本体分类法和语言内部范畴化做出区分，对词汇意义配价限制及承载语法意义的层面的描写恰恰属于语言内部范畴。将某些语义范畴归入隐性语法范畴的必要和充分条件是该语义范畴间接反映的语法特点。索恩采夫（В. М. Солнцев）据此曾专门探讨过 Камень летит 和 Птица летит 这两个语句的意义区别，他提出的观点是：俄语的一个典型特点是将积极的生理行为、状态及智力行为等同地呈现为语法行为，其主语同样具有语法上积极的主体意义；这类语句的结构和功能意义总体反映了某种“某人做某事”的情境类型，至于该行为主体是否是现实的行为发出者，以及该行为是否是积极的生理行为，在概念上已经抽象化了[①]。可以认为，只有施为主体结构才能与动词不定式、状语及带连接词 чтобы 的从属句连用，非施为主体结构出现这种情况也并非反证，因为状语的位置设定是施为主体语句的结构特点。它们在一种条件下可以呈相同的结构形式，但在另一种条件下则不可能。例如，可能的语句是：Петров умер от болезни, чтобы навсегда остаться в памяти людей. Река замерзла, чтобы быть скованной льдом зимой. 不可能的语句是：Чтобы навсегда остаться в памяти людей, Петров умер от болезни. Чтобы быть скованной льдом зимой, река замерзла. 因此，连接词 чтобы 前置的可能性成为施为主体语句和非施为主体语句区别的一个形式标志。此外，各种转换关系、动词的时和体等都可以成为这种区别的形式标志。

当代语义学研究的基本目的就在于建立一些使语句意义与语句结构要素意义分离的规则，这就需要在描写词汇体系聚合关系的同时，进一步详细描写词汇之间音义统一体的联系问题；句法结构中词汇所含有的共同义素导致“语义一致律”（семантическая согласованность）或“语义连贯性”（семантическая связность）概念的提出。显而易见，语义协调性这一概念不仅适用于词汇意义，而且更适用于语法意义，其中包括显性语法范畴和隐性语法范畴；在语法聚合关系的描写中应该补充各种范畴意义之间音义统一体相互作用的内容，А. В. Бондарко 为此提出了

① В. Солнцев, Язык как системно-структурное образование, М., Наука, 1977, с. 308-310.

著名的“功能语义范畴”和“功能语义场”的概念。试比较下面两个同义语句：1. Дети обычно любят играть. 2. Большинство детей любят играть. 可以看出，语句 1 中的副词 обычно 与动词 любят 只有表层联系，与名词 дети 却有深层联系，语句 2 中的 большинство 证实了这一点；обычно 与 большинство 的对应是这两个同义语句形成的主要因素。类似的情况在动词的体范畴和名词的数范畴上也会出现。例如：

1. Мама знает о ссорах сына с женой. Мама знает, что сын с женой ссорятся.

2. Мама знает о ссоре сына с женой. Мама знает, что сын с женой поссорились.

分析结果表明，对语句中各种要素的语法意义及其相互作用的类型进行全面详细的研究是非常必要的，这当中包含显性和隐性两种语法范畴问题。这项研究可以发现某些普遍存在的超语义范畴，它们不仅影响称名词语，而且也会影响述谓词语，甚至影响整个语句。语法范畴的语义分析和描写旨在阐释语句各种语法意义的相互作用现象，从而解决语法和语义的多义性问题。

三、句法模式、语义模式与语用范畴

早在 20 世纪 60 年代维诺格拉多夫（В. В. Виноградов）就提出要从功能意义角度对俄语言语手段进行具体的纯语言学分析[①]。传统上对语法的狭义理解导致语法被看成是词汇变化和连接的技巧，说话者思想的形成和表达、现实、思维、语言以及形式、内容的关系等则被置之不理，语法仅仅是对语言外部形式的

① В. Виноградов, Русский язык в современном мире, Материалы МАПРЯЛ, М., 1968, с. 24.

展示。当代语言学者越来越清楚地认识到从言语活动角度对语言进行总体分析的重要性，将研究视点逐渐集中到语言的社会交际属性和言语生成的人为因素。为此语言学经历了从单纯形式到语义学、言语行为、言语个性以及交际意图的全面转向。在对语言的结构、语义、功能和语用特点进行全面探索的同时，语法进入了整合和综合研究及描写时期，词汇与语法、句法与词法、语言因素与言语因素的相互作用等一系列问题不断得到阐释，语法学开始考察通过语言手段表达思想的规律，范围包括从最基本的结构意义单位——句法义素到不同复杂程度的语句和话语的要素分析。无论是从综合还是从分析角度看，各种句型的句法义素都会表现出词法、语义及功能句法的特征，其实体意义在语句中发挥主体和客体作用，其特征意义则发挥修饰限定和述谓作用。句型是由述谓结构决定的，它通过情态、时间和人称范畴表现出来，并将实体意义和特征意义要素结合在一起。当句型要素的形式和意义之间的相互规约性被确定之后，语法学便可以正视行为主体所具有的间接格形式。传统句型分类考虑的是句法惯用的规约性和非确定性，而当代语言学研究迫切需要提出新概念，同时更需要摆脱那些习惯性的分类方法。语句系统组织并非是单线性的，而是立体性的，其基本模式的变体形式及联系导致聚合中的区分原因问题。在保留作为句法中心的原始模式与结构－意义关联的同时，变体形式往往是常规意义和表情的延伸，而构成语句的各种形式、意义和要素关系在语言系统中和语句模式之间往往表现出形形色色的常规关系。交际语法的视点也正在于此。语法学研究要考虑语言的交际性，语法的交际性使得规则成为交际过程的支配手段，也使之成为各种话语在统一形式、内容和功能中生成和理解的手段。语言表现为结构形式，并通过大量的话语作品实现其功能。交际理论研究的中心是言语活动的主体，言语主体在选择利用语言资源和组织话语过程中决定了话语的交际类型和各层面语言手段的功能特点。

交际语言学研究的基本单位是语句，语言语用学研究的基本单位是言语行为，而交际和语用之间又有着十分密切的关系，一般情况下语句和言语行为常常指的是同一个对象，它们之间的关联完全区别于句子和语句之间的关联，因而分类的依据也截然不同。以简单句为例，其分类原则在现代语法学中就是一个关键而颇具争议的问题。句子的传统分类因明显不符合句法系统的现实组织特点不断受到质疑，语言学者们一直试图寻找有效的分类标准，而分歧的焦点恰恰就集中在句法分析、语义分析乃至语用分析的关联上。以往普遍的做法是将语义信息置于语法规则之上，形成句法和语义两个相对自主和平行的层面，也即句子的语法成分和语义要素，于是产生了句子分类的双重原则：句法原则或语义原则。这显然是一种错觉，因为语义在语言中并不拥有独立的手段系统，在句子分析中无论句法原则还是语义原则都要依靠形成结构一意义机制的总体特征：范畴意义、词法及组合功能等，而并非依靠某一单纯的层面。比如，从句法角度看，语句 Саше не спится 中的名词第三格形式只是句子的次要成分和句型的扩展部分，原因在于它的间接格词法形式和句法位的前置，并未考虑句法与述谓的协同以及主体语义问题；从语义角度看，该名词则是人称范畴语义、典型的第三格主体表达方式、结构一意义作用等述谓特征的载体，因而它是语句的语义主体。将句法分析和语义分析对立为句子平行的语法模式和语义模式并非一定可取，这种原则试图说明 Птицы прилетели 和 Птицы очутились здесь 两个语句适用于同一个 N－VF 模式并存在语义模式上的差异。实际上这两个语句属于两种不同的语法一语义模式，其中只是第一个语句适用于 N－VF 模式，因为句法分析不等同于词法分析。

在建立抽象语句模式时，不仅要考虑构成具体语句要素的词法形式，而且还要考虑其范畴意义。第一个语句的述谓特点是行为动词 прилетели 表达的运动意义，而第二个语句的述谓特点是由副词 здесь 表达的处所意义，动词 очутились 所具有的不过是辅助色彩，并不涉及该模式的系统意义特征。《80 年语法》明确指出了句子语义分析的必要性并做了重要的尝试，但并没有深入提出和解决结构与语义之间的关联问题。句法的基本单位是具有实体意义或特征意义的句法义素，在发生述谓关系时构成具有特定类型意义的语句模式，说话者根据所要表达的意义选择需要的范畴要素。这里需要明确句型和类型意义两个概念。"句型可以理解为词法、句法和语义特点统一体中相互关联规约的主体和述谓要素的组成；类型意义可以理解为主体和述谓要素相互结合的语义结构。"[1] 不同形式表现的同等要素所构成的多种句型可以表达同样的类型意义，比如：Папа—математик 和 Папа занимается математикой（人及其职业）；Яблоня цветёт 和 Яблоня в цвету（物体及其状态）等等。

句法层面所关联的不是个体词汇意义，而是抽象范畴意义，各种现象的本质特点派生出各种语句基本要素的范畴限制。现实中的各种主体都有其存在的各种表现、联系、功能和特征。人类生存于时间、空间、自然和社会之中，具有各种生理和心理体验，必然要进行空间上的运动和生理及心态上的行动，相互之间也必然要发生社会和心理关系；相对人类而言，物体也有其存在的形式和特征，尽管没有思维，不能自由地运动或行动，但却依照人类的意志实现其功能。句型区别首先取决于超语言现象特点及其范畴化方式的区别。如果将语句要素的词法、句法和语义特

① Г. Золотова, Н. Онипенко, М. Сидорова, Коммуникативная грамматика русского языка, М., Филол. фак. МГУ им. М. В. Ломоносова, 1998, с. 104.

征统一作为句型分类的基础，那么就可以得到以下基本句型。1. 动词性句型。（1）主体行为句：Мальчик едет на велосипеде. Лошадь жует сено.（2）物体功能句：Будильник звонит. Солнце светит.（3）主体、物体和环境状态句：Жена скучает. Мужу нездоровится. Яблоки зреют. Снег тает. В комнате пахнет ароматом. На воздухе морозит. 2. 形容词性句型。（1）主体性质特征句：Старик добрый. Тренер строгий.（2）物体性质特征句：Воздух свеж. Дом пустой. 3. 名词性句型。（1）类别信息句：Москва—столица. Тигр—хищник.（2）主体特征句：У Серёжи две собаки. У них сад. Наташа в саду.（3）物体特征句。Мандарины—с юга. Бутылка—из-под шампанского. Кники—для детей. Деньги—в кармане. Магазин—на другой стороне улицы. Тропинка—к озеру.（4）时空特征句：Осень. Горы. Солнце. Кругом весёлые голоса. 4. 副词性句型。（1）主体及物体特征句：Сестра замужем. Метро рядом.（2）主体状态句：Ему хорошо. Мне больно. Людям страшно.（3）环境状态句：За окном светло. В доме спокойно. 5. 数量性句型：Студентов—человек двадцать. Народу—море. Книг—не счесть[①]。综上所述，形式与内容的关联原则可以使多种多样的句型系统化，其类型意义也可以在具体层面上得到展现。考虑到范畴语义和语法因素相互作用的结果，句法模式的分解分析和层面划分不会因词汇意义的影响而模糊不清，因为这种分析和划分的依据是同等句型的聚合系列关系，句型本身也受到一整套作为句型基本要素的句法单位的制约。

言语行为理论作为语用学研究的核心，将语句视为言语行

① Г. Золотова, Н. Онипенко, М. Сидорова, Коммуникативная грамматика русского языка, М., Филол. фак. МГУ им. М. В. Ломоносова, 1998, с. 106-108.

为，从而在新的理论层面上确定了基本交际单位这一概念。当然，并非所有语句都等同于言语行为，关键是某一个语句能否成为某一个相对完整的语言表达序列，能否实现某一特定的行为。语用学的研究对象是言语主体用于实现交际意向的语言机制，言语行为的分类基础是语旨功能。尽管言语行为和语句共同拥有这一功能，但语用范畴明显区别于词法范畴、句法范畴及语义范畴。语用范畴具有普遍性，表现为交际者言语品行的总体谋略和具体策略，也表现为超语言的原则和准则，它以调节社会交互行为和交际个性或群体之间的关系为中心，因而具有行为范畴特征。

语言学界对奥斯汀（J. L. Austin）和塞尔（J. R. Searle）的言语行为分类做了大量的明确和阐释工作，并创造出许多新的分类。这些分类的合理性问题暂且不予评论，现在关心的是言语行为分类与语句分类的关系问题。俄罗斯语言学者将语句要素的词法、句法和语义特征统一作为句型的分类基础，并为此做出了初步的分类尝试，开启了新的研究视野。那么语用特征是否可以连同词法、句法和语义特征一道被纳入语句类型的分类基础呢？这是一个更为复杂的问题。总体而言，词法、句法和语义属于语言的内部系统，语用属于语言的外部系统，它们在宏观上可以兼容，但在微观上则难以融合。以塞尔划分的指示性言语行为和指示性间接言语行为为例，几乎可以涵盖所有语句的句法—语义类型，因为句型是一种结构—意义分类，而言语行为则是一种语旨—功能分类。试比较不同句法—语义句型语句和同一语旨—指示意向语句的表达情况：Мальчик бежит—Останови мальчика；Дождь идёт—Возьми с собой зонтик；Жена скучает— Вернись домой；Тренер строгий—Хорошо тренируйся；Тигр хищник—Будь осторожен；У них сад— Иди посмотри их сад；

Тропинка к озеру—Идём по этой тропинке；Зима—Оденься потеплее；Метро рядом—Поехал бы на метро；Мне холодно—Закрывай окно；За окном светло—Пора вставать；Народу море— Не сходи туда等等。

语用学不排除语言形式的功能、意义和区别的研究，但语用学研究不可能单纯地通过语言本体研究得到实现，必须走言语活动的逻辑和哲学阐释之路。语言本体系统内的词法、句法和语义范畴与普遍的语用范畴具有结合的必要性和必然性，但结合方式和研究方法还需另辟蹊径，这是一个值得进一步探索的问题。不过有一点应该明确，语言学研究需要拓宽语法范畴这一传统概念，突破微观语法范畴的界限，进入宏观语法范畴，而语用范畴当属这种情况。形式结构语法始终未能脱离语义分析，交际语法的产生也符合当代语言学研究的发展趋势。据此而论，宏观和普遍的语用范畴及言语行为原则和准则最终被纳入语法研究体系并非是一件不可思议的事情。

（原载《中国俄语教学》2001年第2期）

О реактивных репликах-повторах неконструктивного типа, осуществляющих интенцию возражения

Реактивные реплики-повторы (РРП) как особый речевой феномен широко употребляются в русской диалогической речи.

Для определения статистической вероятности мы провели сплошной анализ 94-х пьес 64-х писателей (см. Пьесы советских писателей. Искусство, 1954—1955) и нашли там примерно 100 000 соседних парных реплик, в которых насчитывается 10 546 РРП. Данный подсчёт показывает, что соседние парные реплики, содержащие РРП, занимают около 10% в диалогическом дискурсе и убедительно доказывает, что РРП—широко используемый приём. Кроме того, нами рассмотрено более 20 000 примеров, отобранных из текстов пьес, а также диалогов, представленных в других типах художественных произведений около 100 писателей (с середины XIX в. до 90-х гг XX в.) . Хотя выбранный нами материал ограничился литературно обработанными диалогами, которые по мнению исследователей «безусловно могут быть перенесены и на живой диалог»[1]. Таким образом, проанализированный материал послужил основанием

---

① А. Баранов, Г. Крейдлин, Иллокутивное вынуждение в структуре диалога, ВЯ, 1992, № 2, с. 85.

для выявления коммуникативно-прагматических функций РРП в диалогическом общении. Например:

Горностаев. Я говорю, отчего у вас, мой друг, глаза испуганные?

Грозный. У меня? Испуганные? Ну, я тебя зараз пугну! (В. Черсков)

Минутка. Товарищ командующий, а Елизавета Михайловна была и только что уехала.

Муравьёв. Как, куда?.. Я же сказал тебе— задержи.

Минутка (Усмехнулся) . Задержи... Машина уходила в Михайловку. (К. Тренев)

Впервые обратила внимание на изучение этого особого диалогического феномена Н. Ю. Шведова. Именно она и назвала его "репликами-повторами" (см. Шведова, 1956) . В более поздней монографии она подробно описала виды формальной и семанической зависимости вторых реплик диалога от инициальных высказываний, показав, что вторые реплики-повторы «образуют систему своеобразных синтаксических единиц разговорной речи»[①]. Китайский русист Ван Фусян на основе богатого материала системно описал структуру и семантику реплик-повторов[②]. Эту проблему затронул также А. Р. Балаян, предложивший термин «отражённая речь»[③], и Н. Д. Арутюно-

① Н. Шведова, Очерки по синтаксису русской разговорной речи, М., Изд-во Академии наук СССР, 1960, с. 360.

② Ван Фусян, Структурный анализ связной речи, Пекин: Изд-во «Иностранные языки», 1980, с. 97.

③ А. Балаян, Основные коммуникативные характеристики диалога, Дисс. на соискание уч. ст. канд. филол. наук. М., 1971, с. 17.

ва, выдвинувшая термин «диалогическая цитация»[①].

РРП могут иметь разнообразные формально-структурные особенности и выражать разные значения. В данной статье мы остановимся на РРП неконструктивного типа, входящих в интенциональное поле возражения с коммуникативно-прагматической точки зрения, с позиции речевого замысла говорящего.

По словам Н. И. Формановской, «интенциональный смысл формируется и проявляется в речевом акте и имеет разные способы языкового выражения в высказывании»[②]. Будучи одним из важных и употребительных речевых средств для осуществления разных коммуникативных интенций в диалогическом дискурсе, РРП всегда являются иллокутивно вынуждаемыми и зависимыми высказываниями.

Под РРП неконструктивного типа понимаются реактивные реплики, или, происходящие из воспроизведения реплик-стимулов (РС) или их фрагментов без каких-либо вспомогательных лексических и структурных средств. Они совпадают с типом названных Н. Ю. Шведовой собственно повторов и характеризуются недифференцированной реактивной интенцией с модальной оценкой и эмоцией, которая приводит к диалогической согласованности или несогласованности в зависимости от ситуации употребления. Всё это фиксируют субъективное отношение реагирующего субъекта. Интенциональное поле возражения, принадлежащее РРП, относится именно к диало-

① Н Арутюнова, Диалогическая интенция (к проблеме чужой речи), ВЯ, 1986, № 1, с. 50.

② Н. Формановская, О смысловой объёмности текста с коммуникативно-прагматической точки зренич, РЯЗР, 1988, № 5, с. 46.

гической несогласованности в связи с РС.

Средства вербализации интенции зависят от целого ряда экстралингвистических параметров. Одним из эффективных вербальных приёмов в диалогической тактике, несомненно, являются РП, в которых воспроизводится различным образом тот или иной аспект реплик-стимулов（РС）. На наш взгляд, совершение РП коммуникантом определяется иллокутивной целью для выражения разных интенций по отношению к РС. Вместе с этим РП являются ещё одним из наиболее естественных и ярких экспрессивных средств, которые способствуют выявлению эмоций и субъективных оценок говорящего, сопутствующих интенциональному выражению.

Следует заметить, что мотивированные РРП являются ответами на всякого рода вербальные стимулы, следовательно, нельзя было бы оставить без внимания РС при исследовании коммуникативных функций РРП. Что касается РС, побуждающих собеседника к использованию РРП, то здесь следует определить типы иллокутивных речевых актов. В соответствии с современной теорией коммуникации в языке выделяются различные типы иллокутивных речевых актов: репрезентативы, директивы, комиссивы, экспрессивы, декларативы, рогативы, контактивы и др. «Практически все они относятся к одному из трёх классов, выделяемых на основе ожидаемой реакции адресата речи, —вопросам, побуждениям или сообщениям»[①]（Булыгина, Шмелёв, 1997, с. 257）. Хотя в таком подразделении

① Т. Булыгина, А. Шмелёв, Языковая концептуализация мира, М., Изд-во «Языки славянской культуры», 1997, с. 257.

речевых актов присутствует “синтаксический” подход к классификации предложений «по цели высказывания» (там же, с. 258) , мы считаем это выделение вполне оправданным для нашего описания, так как оно является первичным, основным и по степени абстракции и конкретизации даёт возможность переходить от формальных синтаксических признаков высказываний к коммуникативной стороне речевых актов.

Тут возникает вопрос: какой именно компонент РС воспроизводит реагирующий субъект в РРП? На этот вопрос ответить не просто, и пока ещё никто не дал убедительного ответа. По нашим наблюдениям, в одном случае вся РС полностью воспроизводится в РП, в другом— с усечениями тематической или рематической части РС. Это объясняется тем, что актуальная информация, на которой сосредоточено фокусное внимание реагирующего субъекта, заключается в своём носителе—языковой форме, воспроизведение которой зависит от контекста, конситуации и общей пресуппозиции.

Интенциональное поле возражения является сравнительно широким. В него могут входить несогласие, отрицание, неодобрение и отказ, которые синонимичны или близки между собой. РП, обладающие этим интенциональным смыслом, обычно вызваны РС с функцией сообщения (чаще) , конкретизированного утверждением, самооправданием, угрозой, оценкой, предложением и т. д., а также с функцией вопроса и побуждения. При этом РП могут выступать в форме как вопроса, так и невопроса.

1 РС— сообщение

РП— возражение в форме вопроса

Вопросительная форма, выступающая как уточнение и не требующая от собеседника подтверждения, очень характерна для РП с интенцией возражения. Сообщающие РС или их фрагменты, заключающие в себе утверждение, вызывают РП и воспроизводятся в них в форме вопроса для выражения явного отрицательного отношения к сообщению собеседника. Другой характерной чертой РП является то, что за ними обычно следуют высказывания, конкретизирующие, аргументирующие и усиливающие эту интенцию. Например:

1.1 Антонина. Ты будешь актрисой или монахиней.

Шура. Монахиней? Ерунда! (М. Горький)

Интенция опровержения, неодобрения осуществляется РП в том случае, когда утверждение, заключающееся в РС-сообщении, не устраивает собеседника. Так что РП с интенцией несогласия всегда поддерживаются следующими за ними высказываниями, выражающими неодобрительное и осуждающее отношение к РС-сообщению:

1.2 Амиран. Ну, что с тобой? Не волнуйся! Возьми себя в руки!

Надир. Я болен, товарищ лейтенент, и прошу сегодня отпустить меня домой.

Амиран. Болен? Как тебе не стыдно говорить неправду твоему другу и командиру... (Г. Мдивани)

Совершенно естественно, когда сообщение, представленное в РС и заключающее в себе самооправдание, побуждает адресата к РП с интенцией возражения. И РП в форме уточняющего вопроса в связи со стимулирующим самооправданием очень существенны для реализации этой интенции. Например:

1.3 Валерий. А я и не портился. Ошибки могут быть у каждого.

Шура. Ошибки? Это ты называешь ошибкой? Вот это удивительно! А если это ошибка, то очень большая. (С. Михалков)

Угроза, сообщаемая РС, также может вызывать у собеседника реакцию возражения и побуждать его к использованию РП в форме вопроса. Как показывает следующий пример, на угрозу стимулирующего субъекта адресат реагирует ответной угрозой, о которой свидетельствует следующее за РП высказывание:

1.4 Гилл. А прикажу вас отправить в тюрьму!..

Лилиан Шервуд. Меня в тюрьму Смотрите, как бы вы не оказались там раньше меня. (Бр. Тур, Л. Шейнин)

Вопросительная форма РП может быть экспрессивна для усилительного выражения возражения. Это выражается в форме вопроса с восклицанием. Как показано в следующих двух примерах, РП в вопросительно-восклицательной форме передают интенцию возражения и несогласия по отношению к пренебрежительной характеристике и положительной оценке персонажа с явным эмоциональным оттенком возмущения:

1.5 Володя. Сколько лет мы просидели с тобой на одной

парте?! Это не забудется. И я нашу дружбу из-за какой-то девчонки ломать не стану.

Шура. Из-за какой-то?! (Л. Малюгин)

1.6 Федот. Антонов, говорят, человек вполне подходящий. Весь век, мол, за мужиков стоял, ласковый...

Листрат. Ласковый! В Грязнухе мужики не хотели было к Антонову присоединяться. Взял он двенадцать человек, увёз к себе в штаб, выпорол—пятеро там же днём умерли... Вот те и ласковый! (Н. Вирта)

2 РС—вопрос

РП—возражение в форме переспроса

Вопросительная РС, функционирующая как уточнение, может побуждать собеседника к использованию РП в форме переспроса для выражения интенции возражения. Эту интенцию всегда подчёркивает и аргументирует высказывание, следующее за РП или им предшествующее:

2.1 Платон. Ты что, ревнуешь?

Аркадий. Глупости. Я ревную? Я люблю Лиду, она—меня, а раньше всего—мы уважаем друг друга. (А. Корнейчук)

РП, вызванные РС в форме вопроса и выступающие как переспрос с экспрессивным восклицанием, выражают интенцию решительного возражения:

2.2 Захарыч. А отца нет, что ли?

Витька. На фронте.

Захарыч. Солдатом?

Витька. Солдатом?! Старшиной! (Ю. Чепурин)

2.3 Часовой. А петь можно?

Разводящий. Петь?! На посту?! В такое время! (М. Светлов)

В примере 2.1 на вопрос собеседника, передающий предположение, реагирующий субъект прибегает к РП и резко возражает, а следующее за РП высказывание представляет истину и факт. Во втором примере на вопрос о разрешении “петь” реагирующий субъект с помощью РП выражает решительное несогласие, аргументацией которого служат следующие за РП высказывания о неподходящем месте и времени для пения.

3 РС— сообщение

РП— возражение в форме невопроса

Популярна в русском диалогическом дискурсе выше выделенная схема диады, содержащей РП в форме невопроса с интенцией возражения. Воспроизведение РС или их фрагментов с сообщающей функцией придаёт РП смысл подчёркивания определённого объекта и готовности к возражению, несогласию, подтверждающемуся следующими за РП высказываниями:

3.1 Ненене. Если говорю нет, значит нет. Этот ведь заказан. И места нет сегодня.

Мужчина. И места нет. А вон два стола пустые стоят! (Ю.

Балтушис)

РП, входящие в эту схему, характеризуются частотным употреблением в восклицательной форме, которая усиливает интенцию возражения со стороны реагирующего субъекта:

3.2 Павел. Наша наука не может не быть самой передовой в мире!

Милягин (пожимая плечами) . Наша наука!.. Нет никакой нашей науки, вашей науки... Наука принадлежит всему миру. (Б. Ромашов)

3.3 Молодая. Полюбить? Кого?!

Машковец. Смотрите, сколько интересных мужчин вокруг. Разве некого выбрать?

Молодая. Мужчин?.. Все достойные давно женаты. А эти... Все они хотят только одного—урвать своё на один вечер. (Э.Бобров)

Экспрессивным средством может служить двукратный повтор с целью усилительного выражения интенции возражения с эмоцией раздражения, направленной на РС-сообщение:

3.4 —Кончится война—что им потом думать? У них вся надёжа на тебя.

—Надёжа, надёжа...—Он вскочил и заходил по зимовейке. —Нет у них никакой надёжи. Всё. нет. (В. Распутин)

Сообщение-предложение, представляемое в РС и не находящее у адресата активного отклика, может приводить к РП с интенцией несогласия и отказа. При этом РП обычно выступают в невопросительной—скорее всего восклицательной форме и оправдываются следующей за ними аргументацией:

3.5 Егор. Поехали бы ко мне на Урал одной семьёй. Не передерёмся, чай...

Захарыч. «На Урал»! До Урала добраться надо. Я – лицо должностное. У меня имущества казёного рублей на триста. На кого брошу? «На Урал»! (Ю.Чепурин)

Оценочные РС, не получающие у собеседника встречного подтверждhеия, могут вызывать интенцию возражения и опровержения, осуществляемую РП. РП с этой интенцией обычно подтверждаются следующими за ними аргументацией или пояснением и употребляются в невопросительной—часто экспрессивно-восклицательной форме. Как видно в следующем примере, РП, аргументированная контекстом, передаёт явную интенцию, опровергающую сообщение-оценку:

3.6 Трофим. Говорят, сегодня хорошая новая картина.

Гаврила. Новая! “Чапаев” . Сто раз видел. (А. Корнейчук)

РС-сообщение, содержание которых не устраивает адресата, могут вызывать у него РП, выступающие в форме невопроса как передразнивание. “Цель передразнивания— указать собеседнику на неадекватность, неэтичность и пр. занятой им коммуникативной или жизненной позиции” (Арутюнова, 1986, с. 54) . За таким передразниванием реагирующий субъект часто подразумевает неодобрительную интенцию по отношению к РС-сообщению. Например:

3.7 Потапов. О любви-то ты ей говорил?

Кривошеин. Мало.

Потапов (передразнивая) . «Мало»... Эх, ты, инженер...

(А. Софронов)

Характеризуя структурный знак РП, предназначенных для передразнивания с интенцией неодобрения, Н. Д. Арутюнова утверждает: «Первое лицо говорящего не преобразуется во второе лицо адресата, что является верным знаком передразнивания, сближающим его с пародированием» (Арутюнова, 1986, с. 54) . Такую характеристику может подтвердить следующий пример:

3.8 Иван Иванович. Тебе легко общественными деньгами распроряжаться, сотни тысяч тратить, не моргнув глазом, а я каждой копейкой дорожу. Меня аж пот прошибает!

Агафонов. Э, Иван! Иван! (Передразнивает.) «Аж пот прошибает. Каждой копейкой дорожу!» А себе небось такой дом вымахал—первый на весь колхоз. Тогда тебя в жар не бросало? (Г. Мдивани)

4 РС— вопрос

РП— возражение в форме невопроса

Невопросительная форма РП с интенцией неодобрения может быть вызвана также РС в вопросительной форме. В этом случае о интенции неодобрения РП обязательно свидетельствуют следующие за ними высказывания, выражающие отрицательные замечания:

Маня. неужели я в тебе ошиблась?

Костя. Ты— во мне. Она ещё смеет во мне ошибаться! Н-н-наглая женщина! (В. Шкваркин)

5 РС— побуждение

РП— возражение в форме невопроса

РС, функционирующие как побуждение к действию, могут подвергаться несогласованной реакции—несогласию и отказу со стороны адресата. В связи с этим РП обычно выступают в форме невопроса и скорее всего экспрессивного восклицания. В следующем примере воспроизведение глагола в форме повелительного наклонения без какого-либо формоизменения передаёт интенцию решительного отказа. РП с этой интенцией всегда поддерживаются высказываниями, предшествующими им или следующие за ними и указывающие аргументацию несогласия, отказа:

Пирожков. Пишись в рекруты! И— со мной на корабль.

Лепехин-сын. Тебе-то легко, матрос... Пишись! А у меня— тятька! (А. Штейн)

Итак, мыможем сделать следующие выводы: (1) РРП с точки зрения коммуникации и прагматики являются речевыми актами, выражающими определённые интенции, в частности, интенцию возражения. (2) РРП, осуществляющие интенцию возражения, регурярны на любой тип РС—сообщения, вопроса и побуждения. (3) РРП с интенцией возражения могут быть произнесены как с вопросительной, так и невопросительной интонацией, иногда окрашенной экспрессивным восклицанием. Два последних вывода подтверждают пять диалогических дискурсных схем, выделенных в данной работе. Нам думается, что полное и всестороннее описание и анализ РРП как частотного речевого феномена в коммуникативно-прагматическом аспекте – задача дальнейших исследований.

（原载《Русский язык за рубежом》1998 年第 2 期）

俄语会话重复反应语句的主观意义

一、引言

重复反应语句（реактивные реплики-повторы）是一种常见的会话语句（диалогические высказывания）。会话研究是重复反应语句研究的前提，而语言学界长期忽视了对会话这一最重要的言语交际和言语活动形式的研究。自 20 世纪 50 年代以来语言学家们逐渐把注意力转向口语中的会话研究，分析和描写了许多会话现象，确定了一些会话研究单位和层次，其中包括重复反应语句。

作为俄语会话中重要的言语手段，重复反应语句常常被用来表达各种交际意向。这种语句起源于刺激语句，同时又是对刺激语句做出的反应，可以以各种句法形式出现，如疑问句式、非疑问句式以及感叹句式等等。我们可以从句法结构角度将重复反应语句的构成形式归纳为三种：第一种是非结构型重复反应语句，它们无须借助各种词汇结构手段而直接再现刺激语句或其片段，所表达的意向和情感意义十分广泛，并且只有在具体语境中才能确定；第二种是结构型重复反应语句，它们往往需要借助一定的词汇结构手段再现刺激语句或其片段；第三种是熟语型重复反应语句，它们需要借助于某些熟语性恒定词汇要素再现刺激语句或其片段。后两种重复反应语句多受语言结构——语义的规约而表达相对确定的意向意义。这三种形式的重复反应语句可以用实例展示为：

1. —*Павел*. Наша наука не может не быть самой передовой в мире! —*Милягин*（пожимая плечами）. Наша наука!.. Нет никакой нашей науки, вашей науки...Наука принадлежит всему миру.（Б. Ромашов）

2. —*Елена*. Это дела не меняет. —*Кимбаев*. Как не меняет? Очень меняет.（А. Афиногенов）

3. —*Отец Цаков*. К тому же и твой король не больно свят. —*Долгорукий*. Какое дело нам до короля?（И. Сельвинский）

二、重复反应语句与主观意义

本文目的在于分析和描写重复反应语句的主观意义，揭示其交际本性和表达特色。重复反应语句在话语表现形式上呈线性，而在使用机制上则呈多面性：结构、语义以及交际—语用。这些方面都应该分别得到分析和描写，以便能够发现和说明其相互作用和相互关联的特点，其中对重复反应语句整体意义的阐释不能脱离对其主观方面的专门研究。

语句的主观意义可以认为是语句的主观评述（модус）部分。主观评述是一个含义很广的概念，是会话言语中最重要的语用要素，在语句的连贯机制中起积极作用。语句的主观评述也可以理解为语句主观意义的集合体，反映说话者的整个态度和评价，它显性或隐性地存在于语句之中。根据什梅廖娃（Т. В. Шмелёва）的观点，对主观评述特点的分析涉及“说话者”“交际意图”“交际策略”“言语品行及准则”“言语行为”“言语体裁”等一系列交际—语用学的概念[①]。说话者在说话的同时要承担表达相应主观态度的义务和责任，这种态度第一要针对自身的言语活动，第二要针对特定交际情境中描述的事件和语句内容，第三要针对受话人。

与主观评述概念相关的是情态，但对情态的多义性需要做一下说明。在语言学著作中情态的概念有不同的用法：维诺格拉多夫（В. В. Виноградов）赋予情态概念的意义较广，将其视为主观评述的派生概念[②]；什维多娃（Н. Ю. Шведова）对情态概念使用范围的确定则相对较窄较专门，分为主观情态和客观情态[③]。与情态概念部分相关的是语义—语用范围内的性质和情感评价。从这一点上看，情态范围要小于主观评述范围。

会话作为最重要的交际种类与说话者的主观态度有密切的联系，它反映现实生活，其研究必须考虑语用因素，因为会话实现的不仅仅是语言的信息功能，而且还有指向功能。运用当代语言学理论研究各种语句的功能特点，不能不特别注意语言的功能机制问题，其中一个重要的方面就是“人的因素”，即语言使用者的心理状态、情感及各种主观态度。所有这一切构成了会话言语的核心、目的和指向，我们称之为言语意向（речевая интенция）。重复反应语句作为一种使用频率很高的言语现象，同样具有一系列明显的主观意义。

《Русская грамматика》对主观情态意义进行了详细分类，其中除了其他意义还包括各种主观评价意义、情感、表现力、意志表达等等[④]。主观情态范畴中的情感与该范畴中的主观评价和表现力密切相关。情感被认为是人的特殊感受，如：испуг, возмуще-

---

① Т. Шмелёва, Субъективные аспекты русского высказывания, Дисс. в виде научн. докл... докт. филол. наук, М., 1995, с. 3-12.

② В. Виноградов, Избранные труды, Исследования по русской грамматике, О категории модальности и модальных словах в русском языке, М., Нука, 1975, с. 53-87.

③ Н. Шведова（ред.）, Русская грамматика, М., Наука, 1980, с. 216-217.

④ Н. Шведова（ред.）, Русская грамматика, М., Наука, 1980, с. 216-217.

ние, горечь, радость 等等。传统语言学将情感（эмоция）和感情（чувство）等同看待，然而情感和感情实际在语言学意义上是有区别的。从总体上看，情感是对外部或内部刺激的相对临时性、情境性心理反应，如：радость, грусть 等等；感情是相对稳定和长期的、对事物的社会化态度，如：любовь, ненависть 等等。因此，испуг 可以被认为是情感，而 страх 则可以被认为是感情。至于情感—感情的表达（экспрессия），语言学著作常常将其与言语的表现性、鲜明性、非常性、形象性等等相联系。对于情感—感情表达的研究，除了其外部特点，还要注重其语言符号所承载的内容对受话人的有效作用力。换言之，要考虑其具有语用指向的语言表现力手段：1. 所谓现成的表现力手段——句法结构、词序、特殊词汇等等；2. 所谓中性语言手段的表现力化（экспрессивизация），主要指语音语调手段。关于情感与表现力的关系，加尔基娜—费多鲁克（Е. М. Галкина-Федорук）早就指出："语言中的情感表达总是具有表现力，但表现力手段在语言中却并不总是具有情感。"[①] 情感在具体表达中具有多面性，而表现力则只有一种单纯的语义阐释，即"强调"；情感作为新的补充内容进入语句，并丰富语句的整体信息量，而表现力则只是强调语句所表达的内容。这两种主观态度都具有作用力，但表现力对受话人的作用效果是通过强调内容实现的，而情感对受话人的作用效果是通过内容本身实现的。"由于它们之间的这些区别，表现力在主观情态方面要逊色于情感，但与此同时，表现力范畴却比情感范畴要广泛。"[②]

① Е. Галкина-Федорук, Об экспрессивности и эмоциональности в языке, Сборник статей по языкознанию, М., Изд-во Моск. ун-та, 1958, с. 121.

② И. Муханов, К вопросу о соотношении понятий «эмоция», «экспрессия», «оценка». Русский язык и литература в общении народов мира: проблемы функционирования и преподавания, М., Русский язык, 1990, с. 70.

对各类语句（包括重复反应语句）的主观意义进行具体分析时，要考虑到这种意义的潜在性和多样性，即任何语句都具有表达各种主观意义的可能性，以疑问和反问句式出现的非结构型重复反应语句尤其典型，甚至在同一会话片段中两次使用的重复反应语句都可能表达不同的情感。比如：

—*Цыганка*. Что сегодня во сне видела, хозяюшка?

—*Рукене*（смотрит с удивлением）. Что я во сне видела?

—*Цыганка*. Карта так показывает, хозяюшка. Карта со сном переплетена... —*Рукене*（выходя из себя）. Что я во сне видела?（Ю. Балтушис）

这一例子证明，非结构型重复反应语句的主观意义只能从动态的功能角度研究，因为主观评述隐性地存在于这种语句之中，没有任何显性标志，这就需要对这种语句进行语用方面的研究并做出解释。由此也引出了会话言语主观意义的另一个特点：反应语句对刺激语句的态度。

本文探讨的另外两种重复反应语句——结构型重复反应语句和熟语型重复反应语句——在主观意义表现上有别于非结构型重复反应语句，这两种语句的主观意义既可以从动态的语用角度研究，也可以从静态的语义角度研究，或者从语义和语用两个角度同时研究，这是因为：一方面这两种会话语句的主观意义由于使用情境不同而有差异，另一方面这两种会话语句中的各种导向词（индикатор）、结构词及结构要素在某种程度上规定了主观意义的展示，形成了某些规约性的主观意义表达方式和手段，因此也会导致一些同义表达，只不过情感色彩程度有所不同。比如刺激语句是：—Он умный человек. 而引起的反应语句则可能有若干个：—Нет, он не умный. —Какой же он умный? —Какой там умный! —Разве он умный?；—Почему это он умный? 等等。

重复反应语句在各种不同的情境中可以传达各种不同的情感，并伴随主观评价：1. 所谓的理性情感，如 удивление, изумление, недоумение, недоверие 等等；2. 指明言语行为特点的情感，如 ирония, сарказм, издёвка, шутливость 等等，以及对言语行为目的和动机的描写性情感，如 вызов, угроза, одобрение, восхищение 等等；3. 对客体价值的倾向性情感，如 интерес, любопытство 等等；4. 具体言语情境中的情感状态，如 радость, восторг, опасение, испуг, ужас, переживание, волнение 等等；5. 道德、伦理和社会性情感及理性评价，如 одобрение, неодобрение 等等。

主观性是情感最重要的特点，大量的言语材料都证实了言语主体对客体情感的主观本性。在充满情感的语句交换过程中（无论这种情感是正面的还是反面的），交谈者的情感都是各种各样的，而反应语句的情感表达更是直接取决于刺激语句的情感表达。顺便提及的是，在世界大多数文化中，表达反面情感的语句的使用率远远高于表达正面情感的语句，重复反应语句的情况也是如此。这种不对称性可以得到心理学方面的解释：人们对反面东西的感知要比对正面东西的感知强烈得多，正面的情感一般被看成是自然的、正常的，因而这种情感往往被接受者淡化了。

三、重复反应语句主观意义的表达方式

重复反应语句（特别是非结构型重复反应语句）的主观意义表达在现实交际中常常是隐性的，但受话人一般都能做出正确的判断，这要归功于“话语信号”（текстовые сигналы）的作用。这种话语信号一方面表现为具体上下文和言语情境，另一方面表现为话语作品中作者针对反应主体心理和情感状态所使用的各种

指示词语，并在一定程度上反映了语句的语调特点。话语信号有两种类型，一种是内部信号，处于语句之中，另一种是外部信号，处于语句之外。由于本文分析的言语材料并非自然会话，而是取自文学作品中的会话，对重复反应语句主观内容的认识只能主要依靠话语的外部信号。

明显的话语外部信号是作者提示（авторские ремарки），或者称为元话语（метатекст），直接指明语句的主观意义和说话者的心理、情感状态。戏剧作品中的作者提示一般用在括号之中：如 радостно，удивлённо，раздражённо，с иронией 等等。作者提示还可以指明伴随语句的各种姿态、手势、表情，并传达主观信息：如 пожал плечами，морщится 等等。作者的直接描写性言语也可以成为作者提示："...злится..." "...ужаснулся..." "...удивился..." 等等。对作者提示的分析有助于认识和研究文学作品中语句的隐性主观意义。

什维多娃认为，重复反应语句的最大特点是具有表现力①。就功能而言，语言要供人类思维和表达思想，要供人类认识客体并对其表达主观态度。言语表现力作为一个泛语言范畴，涉及语言的各个层面。当代语言学对言语表现力问题的研究十分迫切，前沿研究内容包括作为言语活动主体的语言个性、口语或会话言语的语用因素、发话人与受话人之间的相互作用、言语声调手段等等。自然会话言语的表现力首先要借助于语调、语气、节奏、韵律等语音手段实现，但这不是本文的研究对象。本文仅限于分析重复反应语句的一些具有潜在表现力的句法、话语结构和标点符号手段。

① Н. Шведова, Очерки по синтаксису русской разговорной речи, М., Изд-во Академии наук СССР, 1960, с. 283.

（一）句法及话语结构表现力手段

众所周知，语言知识既是词汇知识，也是将词汇构建成连贯话语的知识。比如 какой, совсем, не, как 等俄语词成为说话者语言知识一部分的前提条件是，说话者要知道这些词汇的词法和句法规则和规律，并不断予以发展。换言之，在掌握这些词汇的同时，说话者要立即意识到这些词汇的一系列最普遍最惯用的、作为结构要素的组句规则和规律。人们在通过交际传递信息的同时，还具有作用于交际对方的目的，正是这一目的突出了表现力的作用。为证实这一判断，可以举出两个具有上述结构词作为表现力手段的、表达反应主体主观否定态度的例子：

1. —*Профессор*. Я скажу, что зимой в странах умеренного климата...

—*Восточный посол*. Какой же это умеренный климат? Совсем не умеренный! Чересчур холодный! (С. Маршак)

2. —*Черноус*. Смилуйтесь! Я ведь, можно сказать, профан в этой области.

—*Горлохватский*. Как—профан! Этот же, например, материал вам знаком? (К. Крапива)

在将言语主体及其具有伴随情感意义的反应意向引入研究对象时，表现力问题自然也就需要从发话人对受话人的态度、言语主体对现实存在的态度角度（即在语用范围内）得到解决。其中的符号选择本身不仅仅是表现符号与外部世界关联的语义问题，而且还是人与符号关联的语用问题。语用学观点认为，表现力是言语主体因素在语言中的体现，同时也是赋予言语特点的方法。在表达基本交际意向时，说话者从自己的主观立场出发，总是使用这样或那样他所需要的表现力手段，以加强这一意向的表达。以重复反应语句为例，为了加强表达反应意向，说话者可以同时将非结构型重复反应语句和结构型重复反应语句并列使用：

—*Дубасов*. Великие дела начинаем, Степанида Евсеевна!

—*Степанида*. Дела! А какие бы у генерала дела? Вот у нас в полку генерал был—карты раскладывал да бисером вышивал...（И. Бехтерев, А. Разумовский）

至于话语结构表现力手段，本文只探讨重复反应语句典型的并列话语结构关系，即连续两次，甚至连续三次使用同一重复反应语句，从而加强意向表达。非结构型重复反应语句首先拥有这一表现力手段：

—*Марина*. Он очень нервный стал.

—*Ольга Петровна*. Нервный, нервный. Заботы одолели.（А. Крон）

结构型和熟语型重复反应语句也可以用来展示这种表现力手段。比如，连续三次使用具有句际并列关系和不同辅助词汇手段的结构型重复反应语句，明显加强了反驳意向的表达：

1. —*Дагни*. Мне не надо обьяснять. Я сама всё помню.Пишите записку.

—*Понтус*. Зачем записку? Куда записка? Кому записка?（А. Володин）

2. —*Алексей*. Даёшь!

—*Старый матрос*. Что даёшь, как даёшь, где даёшь?（Иронически）

"Даёшь!"（Вс. Вишневский）

（二）标点符号表现力手段

主观意义一般属于语句显性或隐性的语义或语用意义，在自然言语交际中这种意义能够为受话人直接准确理解，主要是依靠语调以及手势、姿态、表情等。文学作品中的语句直接表达的是源于词汇—语法结构的意义，但读者却很容易意识到其中隐性的主观意义及相应的情态语调。那么，读者是如何认知这种隐性意义的呢？就目前所知，文学作品中的话语中存在大量的指示人物言语情态语调特点的信号，其中一部分指示信号就是标点符号。

“标点符号具有双重符号性质，一方面是声调系统的表达手段，另一方面则是笔语作品的调节手段。”① 标点符号作为笔语作品的组成部分，并不局限于起断句和逻辑关系表达作用，作者积极使用标点符号手段以展示各种不同的意义和情感修辞色彩，并期望读者能够认知。因此，标点符号具有两个基本和重要的交际功能：意义表达和表现力展示。实际上所有的标点符号都是可读的，如句号、分号、冒号、问号、感叹号乃至括号等等。

重复反应语句几乎使用所有种类的“分割性”标点符号，以表示语句的结束，如问号、感叹号、句号和省略号，同时也使用复合标点符号，如问号加感叹号、问号加省略号、感叹号加省略号等等。标点符号的广泛使用与重复反应语句主观意义的表达有直接关系。作者用问号标识重复反应语句，在表达否定意向的同时，不仅保留了疑问色彩，还在不同的情境中赋予了惊讶、不信任、怀疑、讽刺、不耐烦、鄙视、窘迫、痛苦、不安、恐惧、愤怒、挑衅、懊丧、威胁等情感意义。当然，使用问号的重复反应语句表达的并不一定都是否定态度，还可以表达肯定的态度，如赞赏、喜悦等。如果作者感到问号的表现力不足以展示某种情感，就会在某种情况下代之以感叹号，但在高度强调这种重复反应语句情感的同时，单纯的感叹号当然也就失去了带有不解和惊讶色彩的疑问性质。因此，为了全面传达重复反应语句的语用—

① О. Александрова, Проблемы экспрессивного синтаксиса (на материале английского языка) , М., Высшая школа, 1984, с. 11.

情感信息，应该使用复合标点符号——问号加感叹号。比如：

—*Ольга*. Вот что хотите, а не могу хвастовства терпеть! Сохой на козе пашут, а фасону-то, разговору!

—*Максим*（опешив）. Как—сохой на козе?! Прошу обьяснить!（Н. Дьяконов）

省略号的情感表现功能在重复反应语句中尚未观察到，这种标点符号可能也并不具有这一功能，但它具有其他功能，或许可以称为“理性功能”，即指示基于谈话双方共同知识的“未尽之言”及潜话语。由于省略号不足以指明语句的情感内容和情态语调，作者常常将其与其他标点符号连用，如问号加省略号、感叹号加省略号，而它们则分别实现各自的功能：问号和感叹号指示情感，省略号指示潜在的话语内容。比如：

—*Алты*. Я люблю Язгюль.

—*Байрам*. «Люблю!..» Этого я не могу запретить. А она тебя любит?（Г. Мухтаров）

大量的言语事实表明，典型的感叹性重复反应语句有时使用句号，这并非是失误、偶然或作者的随意性现象，而是反映特定语句情感和语调特点的可能性手段。作者用句号标识这类重复反应语句，意在降低其情感强度，减少其对受话人的作用力（这种现象在自然交际中一般要用语调来调节）。比如：

—*Кудров*. Кто же это был-то?

—*Боец*. Командующий армией. —*Кудров*. Ну? —*Боец*. Вот те и «ну».（Ю. Чепурин）

这一重复反应语句的结构语义要求使用强烈的情感表现力手段，在笔语作品中相应要用感叹号标识：Вот те и «ну»! 但作者为说话者确定的是另外一种语用行为，使其语气平缓节制，故而使用了非情感性标点符号——句号。因此，句号也是重复反应语句主观及语用特点的指示手段之一。

奥斯汀（J. L. Austin）指出："……以书面形式再现这类口语特点是不容易的。比如，我们试图通过在句尾使用感叹号和问号的方式来适用于表达抗议的语气、变调和强音……还可以使用其他标点符号、斜体字母、词序等，但这些再现手段是极不完善的。"① 当然，对发话人或作者意图的正确解读不仅要依靠话语中的一些指示信号，还要综合考察各种因素。尽管如此，含义丰富的标点符号仍然具有某种稳定的特点和概括的意义，这有助于限制对主观意义和情感语调的随意理解，并能使读者在朗读话语作品时更容易选择语调。标点符号所实现的功能看起来在各种具有潜在主观意义和不确定语调的语句中都是共同的。

（原载《解放军外国语学院学报》2000 年第 2 期）

① Дж. Остин, Слово как действие, Новое в зарубежной лингвистике, 1986, вып. 17, Теория речевых актов, с. 71.

俄语诗体文本中称名的有定与无定范畴及其意义

一、引语

诗体文本[①]是一种特殊的言语活动类型，其形成或实现导致与之相关的各种语言或言语范畴的相应调整，其中包括有定与无定范畴（категория определённости и неопределённости）的调整。诗歌言语中的普通名词是这种调整的载体。确定性与非确定性意义的表达是各种语言所固有的现象，在很多语言中具有显性的语法属性，比如英语中常规的冠词使用方式等。俄语中的确定性与非确定性属于隐性语法（或语义）范畴，不具有常规的形式标记，但却能在语言的各个层面上表现出来，比如：1. 在词法层面上借助于代词及词语重复或替代；2. 在句法层面上借助于实际切分手段，主题往往表示确定性意义，述题往往表示非确定性意义。这一语法范畴的功能就是“使称名现实化和确定化，并在描述的情境中展示其唯一性或与同类现象的关系”[②]。在抒情诗歌文本中，确定性与非确定性范畴的功能取决于诗歌言语的特色，这一特色展示的是作者与读者的特殊关系，并将“内语”（внутренняя

① 本文的诗体文本指的是抒情诗歌文本。

② Лингвистический энциклопедический словарь. М., Изд-во «Сов. энцикл.», 1990, с. 349.

речь)[1] 和口语交际体裁的某些特点兼收并蓄。在诗体文本中称名必须同时适应几种言语情境，因而将改变确定性与非确定性范畴的语义状况。

二、隐性语法范畴内的确定性与非确定性问题

传统上对俄语语法意义和语法范畴的理解相当广泛，其中包括：1. 词法范畴意义；2. 功能范畴意义；3. 交际类型意义。此外，在现代俄语语法学研究中，屈折变化特点、句法关联特点、某一层面语言单位意义的类同性、表达方式的标准性和常规性等需要考虑的因素都可以归结为一点，即语法意义的强制性 (обязательность грамматических значений)[2]。强制性指的是某种语言单位的语法范畴和语法意义的必然表达，比如在使用名词形式时不可能不考虑单复数问题。语法的强制性揭示了各种不同语法意义之间关系的一些重要特征，使表层形式和深层语义的具体分析得出了各种不同的理解，也即无论表达何种意义，语义范畴的特定形式标记都是语句的必需要素，或者无论具有何种目的和需求，特定意义的表达都与强制性有关。从纯粹的语言学角度看，表达方式的区分非常重要，其相应的特征在语言意义分类中肯定要予以考虑，这种特征有助于对语法意义和非语法意义进行区分。不过，这一区分的隐性特点常常涉及被忽视的隐性语法范畴。隐性语法范畴（криптотип）是与显性语法范畴（фенотип）相对的术语或概念，由美国语言学家沃尔夫（B. L. Whorf）提出并将其定义为“在句子中一般未能得到表示却又在某些类型的句

① 与“外语”(внешняя речь) 相对，指意识中的言语行为计划和控制，相当于思维及其实现形式，也相当于“自言自语”。

② Б. Серебренников, Общее языкознание, Внутренняя структура языка, М., Наука, 1972, с. 206-209.

子中产生特别现象的范畴”[1]。对于某些语言单位而言，可以划分出变态和常态两种隐性语法范畴，前者包含语句中产生的非词汇意义，比如确定性和非确定性意义（значение определённости и неопределённости），以及很多所谓的词法范畴的个别意义；后者包含很多描述所谓词汇一语法种类的意义，比如生命体意义（значение одушевлённости）。变态隐性语法范畴的划分与词汇多义性和语义非确定性的区分有关，也与具有各种指称潜力的统一形式意义变体的区分有关。词语的指称关系似乎属于隐性语法范畴，有些形式各异的语句可以得到意义相等的解读。例如：

1. Он хочет купить новую *машину*.

2. Он хочет купить *одну* новую *машину*.

3. Он хочет купить *какую-то* новую *машину*.

4. Он хочет купить *какую-нибудь* новую *машину*.

具体指称和抽象指称两种意义的区分是俄语语法的本质特点，上述语句 1 的多义性（并非语义的模糊性）在进行句法改造之后仍能显露出来，即可推定的具体所指和不可推定的抽象所指：

1. *Машина*, которую он хочет купить, *новая*.

2. *Машина*, которую он хочет купить, *должна быть новой*.

因此，实指和泛指的对立应该被视为特殊的隐性语法范畴，这种对立在表达客体与主体的关联性和非关联性时具有外在的呈现。当然，某一层面的语义共性并不能成为划分相应语法范畴的依据，这一点不仅适用于显性语法范畴，而且也适用于隐性语法范畴，俄语中具有非语法特点的各种语义聚合体系都属于这种情况。在研究语义区别时，需要对本体分类法和语言内部范畴化做

① Э. Хэмп, Словарь американской лингвистической терминологии, М., Прогресс, 1964, с. 194.

出区分，对词汇意义配价限制及承载语法意义的层面的描写恰恰属于语言内部范畴。将某些语义范畴归入隐性语法范畴的必要和充分条件是该语义范畴间接反映的语法特点。

确定性与非确定性意义只是在称名的言语使用中得到实现。称名作为语言单位和词汇学描写对象，其确定性与非确定性意义并未得到标注，但在文本中则必然得到明确的表达，这与词汇语义结构的双重性有关，因为在词汇的语义结构中同时存在能指概念和所指关联两个方面的内容。语义的双重性决定了功能的双重性，也即对物体证同和判断的适应性。试比较：

1. Перед домом растёт *берёза*.

2. Это дерево—*берёза*.

当然，语义的双重性也在不同的抽象程度上决定了称名意义的实现方式，或具体（确定）或抽象（非确定）。称名与语言外某一个现实事物的关联构成语言中的确定性范畴，而称名与语言外某一类现实事物的关联则构成语言中的非确定性范畴。所以，确定性与非确定性与所指直接相关，也即称名与语言外现实对象直接相关。有定与无定范畴使言语中的称名得以现实化，也使得称名所指范围从类别事物聚缩至唯一事物。

有定与无定范畴首先指向受话人。对于发话人来说，所有的称名从发话开始或在完成言语行为之前便已经与各种事物发生关联，但对于受话人来说情况却并非如此。这说明用于具体所指意义的普通名词一般不能处于首次说出的语句的首位，因为该名词在受话人的意识中尚未与语言外的现实事物发生关联。比如：

1. Костюм уже продан.

2. У берёзы часто собирается молодёжь.

这类句子不可能成为话语语句（высказывания），因为костюм, берёза均处于首位。称名与事物的关联只有通过专门的引句或序句（интродуктивные предложения）才能实现，序句引入具有非确定性意义的新称名并保证该称名在进一步使用时具有确定性意义。比如：

1. Вчера я видел в магазине красивый *костюм*. Сегодня *костюм* уже продан.

2. Перед домом растёт *берёза*. У *берёзы* часто собирается молодёжь.

序句展示的是在发话人意识中与现实事物关联的，而在受话人意识中与现实事物尚未关联的称名；序句可以使称名与类别事物相关联，同时也可以使该称名所指称的个别事物从类别事物中区分出来，因而序句很容易转换为“个别事物—类别事物”模式；序句与正句在称名使用上的关系就是非确定性意义与确定性意义的表达关系。简而言之，确定性与非确定性范畴反映的是称名与现实对象的关联情况，同时也是发话人向受话人传达该对象信息的手段。

称名所固有的确定性意义表现在具体所指的使用上，对受话人来说具有已知意义。普通名词作为“变性指称”词，既适用于唯一事物的证同，也适用于类别事物的表示，但区别于“常性指称”词（专名、摹状词等）。如 Шекспир, Наполеон, Луна, Земля, автор «Анны Карениной» 等等。普通名词应该具有专门的现实化手段，其所指范围也应该从类别事物聚缩至唯一事物。这种聚缩的实现方式为：1. 对交际双方可视范围内事物的指示；2. 对交际双方明确预设事物的指称；3. 对称名词的重复使用（以序句为引导）。非确定性意义为以下称名所固有：1.“普通称名”，即类别事物称名。比如 *Лев*—царь зверей. Он любит *стихи*. 2. 受话人未知其所指的称名，一般位于语句的述题部分。比如：Перед домом растёт *берёза*. Вчера я купил *книгу*. 3. 具有实现能指

（概念）意义及确切化功能的称名，该称名不用于所指，不指明现实对象，而是指明相应对象的特征。如 Он—*поэт*. Это дерево—*берёза*.

综上所述，确定性与非确定性范畴的构成情况是：1. 称名所指与非所指的使用；2. 受话人已知与未知的事物；3. 称名的称谓与述谓使用。

三、诗体文本中称名的确定性与非确定性意义

词语的指称意义在语义学中得到了广泛和深入的研究，本文旨在探讨诗体文本中称名的确定性与非确定性问题，将在四个方面分析该范畴的转换方式。

第一个方面涉及确定性与非确定性范畴所包含的已知性与未知性。诗歌言语的特点是“自相交际”（автокоммуникация），在很大程度上倾向于“自语”（текст для себя）或“内语”。与其他体裁不同的是，诗体文本的作者无须关心读者的已知程度如何，也无须在特别的序句中引入与现实事物相关联的称名。“自语”的典型形式是日记，在其形成过程中仿佛引入了现实事物。所有这些“事物”似乎已经得到指称和宣示，序句被置于文本之外。“自语”的特点表现在即时使用特定称名的可能性上，比如日记：“7 月 6 日。雨。书。思考前途问题。”称名在“自语”中完全可以不存在，此时的人或物并不表现为称名，而是以替代形式出现，在文本中与现实无任何关联，因而成为“密码”，作者自知，别人则需要按各自的不同理解去破译，比如：“数风流人物，还看今朝。”不过，如果“自语”的唯一受话人是作者本人，并为此使用了具有确定性意义的称名，这表明被冠以该称名的事物只能为集发话人和受话人于一身的作者本人所知，因为并不存

在任何其他受话人。与这种情况相对应的是，在诗歌言语中，除了集发话人和受话人于一身的作者本人以外，还存在作为受话人的读者，此时确定性称名的使用对作者和读者都造成了已知的幻觉，发话人与受话人重叠的效果也就显现出来，受话人仿佛置身于发话人的处境，并获得接受发话人观点的可能性。例如：

Где с *скотень*, *пчельников* и с *птичников*, *прудов* / То в *масле*, то в *сотах* зрю злато под *ветвями*. / То пурпур в *ягодах*, то бархат-пух *грибов*, / Сребро, трепещуще *лещами*. (Г. Державин)

上述各种称名的使用即时产生了确定性（已知性）意义，也即表示的是“这个……”，或者“那个受话人已知的、正在被谈论的……”，就如同 Квавртира уже продана 一样。又如：

Но сомненье / Если дух ей возмутит, / О, его в одно мгновенье /*Это* имя победит; / Но в *том* мире, за могилой, / Где нет образов, где нет / Для узнанья, друг мой милой, / Здешних чувственных примет, — / Им бессмертье я привечу, / Им к тебе воскликну я, / И душе моей навстречу / Полетит душа твоя. (Е. Баратынский)

代词 это, тот（这个、那个）突出了称名的已知性：读者也知道的“这个、那个……”。

诗体文本与“内语”具有类型上的相似之处，都消除了确定性与非确定性（已知性与未知性）的对立，因为确定性与非确定性意义针对的是受话人，而诗歌言语的特点就是“自相交际”，拥有特殊类型的读者，这些读者遵循交际规则最大限度地向作者靠拢，直至完全重叠。需要说明的是，在小说文本中也可能出现一些具有非确定性意义的称名，叙事体裁文本的读者对非确定性称名可以做出相应的推定，未知只是暂时的，但在诗体文本中却不存在这种推定。换言之，在非诗体文本中，为达到一定的修辞效果，信息提供的顺序有可能被改变，与之相似的是新闻报道，信息常常被首尾倒置，结尾甚至可以成为标题。与非诗体文本不同的是，诗体文本中未被证同的称名最终也不会得到证同，因为个别事物脱离类别事物的过程发生在文本之外的作者意识之中。

第二个方面涉及发话人视界内事物的称名问题，因此使用即时获得确定性意义的称名可以塑造视觉形象。抒情诗歌的模式类似于口语交际情境，其文本中的事物仿佛就存在于发话人的眼前，这些事物的称名不需要先导和铺垫，交际情境本身就足以使它们与现实事物发生关联，文本提及的称名可以即时获得确定性意义，就如同手势指示一样，受话人立刻看到视觉所及的事物。当然，这种视觉有可能是内在视觉。例如：

Вот красно-розово *вино*, / За здравье выпьем *жен* румяных. / Как сердцу сладостно оно / Нам с поцелуем уст багряных! / Ты тож, *румяна*, хороша: / Так поцелуй меня, *душа*!

Вот черно-тинтово *вино*, / За здравье выпьем чернобровых. / Как сердцу сладостно оно / Нам с поцелуем уст лиловых! / Ты тож, *смуглянка*, хороша: / Так поцелуй меня, *душа*!

Вот злато-кипрское *вино*, / За здравье выпьем светловласых. / Как сердцу сладостно оно / Нам с поцелуем уст прекрасных! / Ты тож, *белянка*, хороша: / Так поцелуй меня, *душа*! (Г. Державин)

又如：

Льёт без конца. В *лесу* туман. / Качают *елки* головою: / «Ах, Боже мой!»—Лес точно пьян, / Пресыщен влагой дождевою.

В *сторожке* темной, у *окна*, / Сидит и *ложкой* бьет *ре-*

бенок. / *Мать* на *печи*,—все спит она, / В сырых *сенях* мычит *теленок*.

В сторожке грусть, мушиный гуд... / —Зачем в лесу звенит *овсянка*, / *Грибы* растут, *цветы* цветут / И *травы* ярки, как медянка?

—Зачем под мерный шум дождя, / Томясь всем миром и сторожкой, / Большеголовое дитя / Долбит о *подоконник* ложкой?

Мычит теленок, как немой, / И клонят горестные елки / Свои зеленые иголки: / «Ах, Боже мой! Ах Боже мой!» (И. Бунин)

诗歌中的称名塑造了视觉形象，非确定性意义的必要性消失，确定性与非确定性的对立也随之消失。

第三个方面涉及诗歌中整体与个体意义相互关联的特点。诗体文本中缺少先导的称名造成一种印象，仿佛受话人的知识背景与作者吻合，并出现身临其境的感觉。尽管该称名并未与现实事物发生关联，但却具有表示泛指意义的可能性，并成为“通名”(общее имя)，形成类型和概念意义。诗体文本具有若干永恒的主题，这就为称名创造了表达概念意义和区分意义的条件。在阅读抒情诗歌时，读者需要预先调整心态，以便透过现实事物本身发现称名本质、存在及概念范畴或类型称谓。作者在诗体文本中将称名用于具体所指和确定性意义，同时也常常透视其类型和泛指意义。抒情诗歌中的一切事件都发生在“当前的时空”中，因而也是“随时随地”，任何一首对现实世界进行形象思维的诗歌都可以被理解为特定状态和情境的象征，而其中的实体称名也被理解为“通名”。例如：

Осенний скучный *день*. От долгого *дождя* / И *камни* мостовой, и стены зданий серы; / В *туман* окутаны безжизненные *скверы*, / Сливаются в одно и небо и земля. (В. Брюсов)

上述诗歌文本中的称名与个别事物和现象具有关联，同时也指出这些事物和现象的类型，勃留索夫接下来的四行诗的第一句说明了这一点，“秋日”的“日”已经变成了具有类型意义的复数形式：Близка в такие *дни* волна небытия. 从另一个方面看，任何“通用”的概念称名都可能获得潜在的具体所指意义。比如，拟喻手法可以赋予任何抽象的本质以生命，并且为称名兼具概念和指称意义创造条件——使确定性与非确定性意义“中和化”的条件。例如：

Вот оно, *мое веселье*, пляшет, / И звенит, звенит, в кустах пропав! (А. Блок)

当然，各种抒情诗歌都展示了有关称名指称与非指称关联的不同用法。可以肯定的是，抒情诗歌在称名的能指和所指层面上创造了消除确定性与非确定性对立的条件，从而实现了称名对泛指和实指的兼容和中和。

第四个方面涉及诗体文本中另外一种确定性与非确定性意义中和的情况——述谓性的强化。诗体文本常常最大限度地发掘称名的述谓潜力，发挥其能指意义的特性作用，使其服从述谓需要。因此，抒情诗歌中的称名常常用于具有命题语义的静词性结构，普希金的《不眠夜之作》就是一个典型的例子，文本由多个述谓性得到强化的称名构成：

Мне не спится, нет огня: / Всюду *мрак* и *сон* докучный. / *Ход* часов лишь однозвучный / Раздается близ меня. / Парки бабье *лепетанье*, / Спящей ночи *трепетанье*, / Жизнь мышья *беготня*... / Что тревожишь ты меня? / Что ты значишь, скучный *шепот*? / Укоризна или ропот / Мной утраченного дня? (А.

Пушкин）

可以认为，这首诗歌兼容了称名的称谓和述谓两种功能。因此，与语言外现实事物相关联的（具有确定性意义的）称名同时也是"折叠"的述谓词（具有非确定性意义）。称名功能的中和现象不只是存在于由称名句以及动名词或形容词名词化构成的诗体文本之中，与纯粹抒情空间共存的还有演义叙事空间，从而将抒情情境定位于类似的三维世界中，并且也相应地确定了时间段。抒情诗歌中的称名同时属于两种现实：表达能指及概念意义的抒情空间和表达所指及实体意义的演义叙事空间。实体意义和概念意义的兼容和中和淡化了称名所具有的确定性与非确定性意义在诗体文本中的明确界限。

（原载《外语学刊》2002年第1期）

关于俄语指示性间接言语行为

一、引言

英国哲学家奥斯汀（J. Austin）的言语行为理论旨在说明语句的两种意义：命题意义和施为意义；美国哲学家塞尔（J. Searle）完善和发展了言语行为理论，并对各种言语行为进行了分类；威尔逊（D. Wilson）和斯波伯（D. Sperber）提出了一套把认知与交际结合起来的理论，也即关联理论，标志认知语用学的诞生。国外学者的论著清晰地表明了当代语言学的研究线索：从总体言语行为理论到具体言语行为类别，再到普遍言语行为认知。

与英语一样，俄语中的指示性言语行为（директивные РА）也备受研究者关注，首先是因为充当这种言语行为的语句在组织结构上具有一定的复杂性，其次是因为语句中动词命令式这一特定的语法形式可以表达大量的指示意向。指示意向是说话者的主要目的之一，一方面反映其个人的意志，另一方面反映其对受话人行为的祈使，包含“我想……”和“你应该……”两重意义，也涉及受话人的认知能力和谈话双方的认知语境。与此相关的是，作为双主体语句（двусубъектное высказывание）的祈使性语句具有语义一句法的复杂特点。比如，在 Я советую вам изменить название этой статьи（我劝您修改本文的题目）这句话中，说话者是表达“劝告”（советую）意向的言语行为的主体，并指向受到作用力的客体，与此同时，作为意向对象的受话人又是动词不定式（изменить）驱动的未来行为的主体。这种祈使性施为语句的双主体性不能脱离并非简单的、承接或预期言语行为结果的社会情境，因为发出指示行为的是“我”，而实际完成未来行为的是“你”；属于“你”的部分形成语句的命题意义，属于“我”的部分形成语句的言语意向意义，因而具有语旨力量①。

概括的指示意向意义源于一系列具体的指示意向意义，而每一种具体的指示意向意义都具有各自实现的语用条件及语言表达手段。概括的指示意向意义可以具体表现为：1. 请求（просьба）（以及表达这一意向的词汇一语义群，下同）；2. 建议（предложение）；3. 劝告（совет）；4. 要求（требование）；5. 命令（приказ）；6. 警告（предупреждение）；7. 禁止（запрет）；8. 允许（разрешение）；9. 唆使（подстрекательство）；10. 诱惑（соблазнение）。由此可见，用于实现指示意向的言语行为何其之多。

二、祈使性语句与指示性言语行为

与表达祈使意义的疑问语句、陈述语句和祈使语句相比，表达指示性意向的间接言语行为的范围更广，因为普遍的指示性意向将各种具体的言语行为都联系在一起。对于某些祈使表达方式的变体而言，在语言中可以形成独特的，甚至是“标准的”表达手段。从功能角度看，这些手段都属于间接言语行为。

可以认为，对语句语旨功能的认知首先与语用因素相关。这就产生一个问题：这种认知规则是否应该纳入语言学描写？或

① 即施为作用。

者说得更具体一点：在描写具体语言系统时作为专门语法标志的命令式和语句的指示用途之间有哪些可能的区别需要考虑？从一个方面看，不考虑这种区别，我们无法理解现实中的许多言语行为。比如这样一个言语事实：主持人对发言人说 Ваше время истекло（您的时间到了），是否会被发言人和听众准确无误地理解为祈使性的 Заканчивайте речь（请结束发言）？似乎 Вы не могли бы передать мне карандаш（您不能递给我铅笔吗）[①] 这样的语句是俄语中表达请求意向的标准形式，因而也是语言学描写的直接对象。从另一个方面看，对于自然语言来说，会话描写中关于祈使的所谓理性的定义也未必合适，原因就在于几乎不存在“说说而已”的话语，在自然语言中几乎大部分语句都具有语效[②]目的倾向[③]。在各种语境中因祈使语句而导致的各种可能的反应结果不可能得到详尽的统计，反之，用于取得预期反应结果的所有可能的言语手段也未必可能得到详尽的统计，语言学家对此只能是心有余而力不足。

在描写指示性意向表达手段时，有两种区别明显且相互对立的研究方法。狭隘的形式研究方法只关注语句的句法结构，却忽视语句形式结构与语旨功能的背离现象；与之对立的研究方法则试图探察所有的言语意图（从某种意义上说，其任务常常在于建立理解自然话语的自动体系）。前者明显不完整，而后者的目的原则上还没有完全实现。鉴于这种情况，一些语言学者试图划分

---

① 由于俄汉语某些指示性间接言语行为的表现形式不尽相同，很难在形式和意义上完全等译，这里的汉语译文主要着眼于直接传达俄语的句法形式，以便展示俄语指示性间接言语行为的特点，其语旨功能和色彩与原文并非一致。文中还有其他一些俄语及英语语句的汉译属于这种情况，不再重复加注。

② 即言后行为。

③ 只是在某些场合中受话人不能或不愿理解发话人的语效追求，因而常常提出一些仿佛是确认性语句的问题：А к чему ты это говоришь?（你说这话是什么意思？）有时对此类问题的回答是：Ни к чему, я просто констатирую факт.（没什么意思，我只是在摆明事实。）不过这些语句一般都不完全表达说话者的真实想法。

出可供语言学研究的“非标准性语旨语句群”（группа иллокутивно-нестандартных высказываний）。然而，这一划分常常显示出较强的人为因素。比如，通常认为语言学研究感兴趣的间接表达方式只是那些显性表达命题意义并符合行为因果关系的语句，为此语言学应该探讨这样一些间接表达指示意向的语句：Вы не могли бы передать мне карандаш？（您不能递给我铅笔吗？）相当于 Передайте мне карандаш！（请递给我铅笔！）Хотелось бы, чтобы вы постарались написать статью.（我希望您下点功夫写出一篇论文。）相当于 Постарайтесь написать статью.（请您下点功夫写出一篇论文来。）等等，因为这些直接表达指示意向的语句的命题内容呈显性，可以指出其相应的标识要素。与此相反的是，这些语句指示效果产生的机制却被认为超出了纯语言学描写的界限之外。比如这样一些语句：Не найдётся ли у вас сигареты?（您找不出一支香烟吗？）相当于 Дайте, пожалуйста, сигарету.（请给一支香烟。）Ваше время истекло.（您的时间到了。）相当于 Заканчивайте речь.（请结束发言。）

总的来说，这种研究方法的动机是清楚的。对语句的理解也即预示着对两样东西的理解：其语旨力量和命题内容。在明确语句的语旨力量之后，似乎可以统计出指示性语旨功能可能生成的手段。然而，这种判断将上述两种极端研究方法的弱项结合在了一起：总体上忽略了指示意向的间接表达方式，或者试图探察对受话人行为发生作用的所有可能的手段。首先，采用这种研究方法时，将排除很多标准的指示意向表达手段。比如，俄语中运用疑问语句请求对方提供某种物品的表达方式是完全标准的：Нет ли у вас...？（您没有……吗？），或者 Не найдётся ли у вас...？（您找不出……吗？），并不包含 Дайте мне...（给我……）的命题，因而也不被这种研究方法所考虑。其次，间接表达指示意向以及使用各种暗示手段的可能性在上述划分中也是无限的，与完全符合该标准的类似语句相比，不符合该标准的语句在很多情况下甚至是更直接的指示意向表达方式。比如，请求或要求对方提供某种物品的语句在特定条件下隐含着说话者对拥有该物品的愿望。试比较这样两个语句：1. Хочу пить.（我想喝水。）2. Хотелось бы, чтобы обо мне вспомнили и принесли мне попить.（我希望能想起我并给我拿点儿水来喝。）第一个语句尽管不包含принесите попить（给我拿点儿水来喝）的命题，却更直接地表达了请求的意向，而第二个语句尽管包含这一命题，却不如第一个语句的直接表达程度。

近年来普遍流行的一种研究方法是在描写具体语言符号时不考虑间接言语行为，并依据广泛的交际准则统计言语行为的间接语旨功能，这被认为是一种极端的语用研究方法。采用这种方法的学者认为，汲取间接语旨功能信息的规则不属于具体语言的语义学范围，而是凭借言语交际的普遍语用定律予以描写。这种极端的语用研究方法不会忽略不同交际情境中各种可能的语旨功能，但也不可能详尽统计出具体语言系统描写中所有这些各种各样的语旨功能，这是一项难以完成的任务。如果在普遍交际准则的基础上能够说明各种语句获得间接语旨功能的原因，以及在内容和表达方式方面推测各种间接言语行为的具体变体形式，那么就可以认为这种论断具有充分的根据。然而现实是，在各种不同的语言中用以表达语句语旨指向的间接手段有很多差异，每一种语言中的间接言语行为的具体变体形式都有其独自的特点。为了说明这一点，可以举出一个颇为“经典”的间接言语行为例证：祈使性疑问语句。英语中相应的语句不包含形式上的否定：Could you lend me your pencil?（你能把铅笔借给我吗？）Have you got a pencil?（你有铅笔吗？）而俄语中这种祈使性疑问语句却伴随着形式上的否定[1]。试比较：

1. a.У вас нет карандаша?（您没有铅笔吗？）

b.У вас есть карандаш?（您有铅笔吗？）

2. a.Вы не могли бы прийти к нам в гости завтра?（您明天不能到我们这里来做客吗？）

b.Вы могли бы прийти к нам в гости завтра?（您明天能到我们这里来做客吗？）

3. a.Ты не мог бы дать мне почитать эту книгу?（你不能把这本书借给我看看吗？）

b.Ты мог бы дать мне почитать эту книгу?（你能把这本书借给我看看吗？）

4. a. Не могли бы вы спеть нам песню?（您不能给我们唱支歌吗？）

b.А вы песню нам спеть могли бы?（您能给我们唱支歌吗？）

语句 1a 可以被理解为请求借用铅笔，而 1b 更像是有意提供铅笔（如果对方确实没有铅笔的话），设想这样一种语境：Пишите, пишите, карандаш у вас есть?（写吧，写吧，您有铅笔吗？）语句 2a 是邀请，2b 是征询；语句 3a 是请求，3b 是征询；语句 4a 是请求，4b 是征询。

Е. А. Земская 所举的一个两姐妹之间的对话例子颇为典型[2]：

—Я вчера купила масло, рыбу, кефир. Будешь готовить рыбу?

---

① 在某些情况下形式上的肯定或否定并不是本质问题，这里涉及的仅仅是非情感性疑问语句，而特殊的语调可以使下面两个英语语句发生对立：Will you（really）have a glass of beer? Won't you have a glass of beer? 与此同时，类似俄语礼貌言语行为的英语疑问语句 Won't you pass me the salt? 听起来则显得相当粗鲁，还是不使用伴随的否定形式为好：Would you mind passing the salt?

② Е. Земская, Разновидности городской устной речи, Сборник научных трудов, М., Наука, с. 39.

—Мне некогда, мне заниматься надо.

—Как хочешь. Не готовь. А рыба неплохая. Морской окунь без головы.

—Я же тебе говорю: у меня всё время уходит зря.

—А я тебя и не прошу готовить. Я только спросила, «Будешь готовить рыбу?»

Ты различаешь вопрос и просьбу?

"我昨天买了黄油、鱼、酸奶。你要做鱼吗？"

"我没时间，我要学习。"

"随你便。不用你做了。鱼不错，是去了头的海鲈鱼。"

"我不是跟你说了吗？我的时间都白白浪费了。"

"可我也没求你做呀。我只是问'你要做鱼吗？'，你分不清询问和请求吗？"

的确，排除伴随否定形式的疑问语句 Будешь готовить рыбу?（你要做鱼吗？）表达的就是询问。如果姐姐说：Не будешь ли ты готовить рыбу?（你不要做鱼吗？）那么该语句的意向意义就一定是请求，而并非询问。

语句模式 Нет ли у вас...?（您没有……吗？）作为俄语中表达请求的手段，具有很强的规约性，几乎完全丧失询问功能，以至于填写履历表时遇到类似的询问语句都令人感到反常：Нет ли у вас детей?（您没有孩子吗？）Нет ли у вас правительственных наград?（您没有得过政府的奖励吗？）等等。

值得注意的是，在疑问语句中使用否定形式表达请求意向是一种必然现象，这与语句的命题内容是否符合可能的拒绝和接受情境无关，而是与语言的规约特点有关，也不能排除在语言学描写范围之外。不过，对这些作为请求行为的语句的阐释在很大程度上受制于普遍交际准则。有人用礼貌原则解释这种伴随的否定形式，也即说话者允许存在拒绝的可能性，受话人可能无法完成该请求。从这类语句模式的来源角度看，礼貌原则一说也许有道理。然而，俄语的这种用法至少具有极强的规约性，不仅面对可能的拒绝，而且在对方可能同意的情况下也必须使用这种否定形式。试比较：Вам не трудно подвинуться?（您动动地方不困难吧？）而不是 Вам трудно подвинуться?（您动动地方困难吗？）以及 Вы не откажетесь прочитать мою работу?（您不会拒绝阅读我的作品吧？）而不是 Вы откажетесь прочитать мою работу?（您会拒绝阅读我的作品吗？）等等。

语句模式 Вы позволите...?（您允许……吗？）仿佛是一个反证，它相当于祈使性的 Позвольте...（请允许……），只是不包含否定形式。问题是这种语句除了单纯的语言反应外并不具有任何语效指向，因此从言语行为的总体分类角度看，这种语句恰恰应该被视为询问行为。需要再次说明的是，疑问形式不仅可以表达询问，也可以表达祈使。试比较：Который час?（几点了？）与 Скажите, пожалуйста, который час.（请告诉我几点了。）我们在此面对的不是具有指示意义的疑问语句 Вы позволите...?（您允许……吗？）而是具有疑问意义的祈使语句 Позвольте...（请允许……）所以，俄语中的否定形式是一种规约标志，表明疑问语句用于实现指示性的语旨功能，也即请求意向；缺少否定形式的疑问语句只是在特殊语用条件下表达祈使，而非请求，即说话者认为受话人早就应该完成相应的行为：Да бросите ли вы в конце концов вашу музыку?（您最终会放弃您的音乐吗？）[①]

①《俄语语法》将这类语句解释为“促使对方终止行为的疑问语句”[Н. Шведова (ред.), Русская грамматика, М., Наука, 1980, с. 396]，但这一解释未必准确，因为这里的“行为”是 бросить，所以应该是“促使对方完成行为”，即 бросьте 不过该语句确实在某种程度上给人以“终止行为”的感觉。或许应该说，这类语句的语用特点表明的不单纯是“完成某种行为”，而更确切的是“终止不去完成某种行为的行为”。

Пойдёшь ли ты наконец за хлебом?（您到底会去买面包吗？）Доешь ты когда-нибудь свой суп?（你什么时候把汤喝完？）因而这些语句中经常使用 наконец（最终），в конце концов（到底），когда-нибудь（什么时候）等词便不足为奇了。有意思的是，用于实现类似语旨功能的英语语句则恰恰经常包含否定形式：Won't you abandon your original plan?（你不想放弃你原来的计划吗？）综上所述，俄语中将疑问语句用作实现请求意向的言语行为的现象与语言的规约特点有关，尽管对这些语句的祈使性阐释完全符合普遍交际准则，但却不能将其排除在语言学描写范围之外。普遍交际准则可以说明这些用法的可能性或者来源，但却不能提供推测其语言特点的可能性。

三、指示类型及其间接表达

目前的一个现实课题是在总体指示意向的框架内明确和记录以某种方式标识某种言语行为的情形。很多情况下语言手段的选择取决于不受具体语言限制的交际相互引动（коммуникативное взаимодействие）的自然逻辑。比如，礼貌原则可以说明疑问语句在功能上常常可以用于表达请求，但却不可以用于请客吃饭的情境，女主人不会对客人说：Вы не могли бы взять кусочек торта?（您不能吃块儿蛋糕吗？）她宁愿使用语气强烈的主观情态形式：Вы должны взять кусочек торта.（您得吃块儿蛋糕。）不受语言规约特点限制的还有使用命令式及其他形式以明确需求意向的语句，比如：Дайте（请给），Принесите（请拿来）等等，或者上下级之间的交谈：—Мне нужны подробности по этому делу. —Слушаю, прокурор.（“我需要这个案子的详细材料。”“是，检察长。”）等等。使用包含命令式和动词将来时形式的若干连续语句可能会指出对方不接受指示的可能后果，这就是表达威胁、恐吓意向的言语行为，也是其逻辑–语义结构的“自然”反应，即向受话人传递其不愿接受的、将要发生的事件的信息，目的是对其行为发生影响，引起或避免某种行为。比如：Убирайтесь из школы! А то сына сделаем калекой.（滚出学校去！不然我们把您儿子变成残废。）然而，俄语口语中广泛使用的是命令式加 у меня, мне 形式，专门标识实现威胁、恐吓意向的言语行为[①]：Поговори мне ещё!（你再给我说说！）Ты у меня пикни только]r2!（你再给我喊一声！）等等。这类语句的威胁意向针对的不是对方没有完成动词命令式所指示的行为的情况，恰恰相反，而是针对对方完成该行为的情况。

现实中可以遇到的是大量的语言使用规约方面的特点，而且是语义上类似的语言手段使用的规约特点。比如，Потрудитесь...（劳您大驾……）; Возьмите на себя труд...（请您费心……）等与动词不定式连用的表达方式在现代俄语中已经完全规约化了，而且只用于上级对下级的发话，同时还表达某种不友好的态度。与之不同的是 Вам не трудно...？（您……不困难吧）（或许还可以是 Вы не могли бы взять на себя труд...？）加动词不定式的语句模式，可以用于表达最有礼貌的请求：Вам не трудно закрыть дверь?（您把门关上不困难吧？）不过，如果这里毫无“难度”（трудно—трудность）可言，那么这种模式表达的就是不友好的讽刺态度：Вам не трудно немного помолчать?（您把嘴闭上一会儿不困难吧？）

语句模式 Прошу...（我请求……）加动词不定式用于各种不同的指示性言语行为，比如申请：Прошу командировать меня в Москву для участия в конференции.（请派我去莫斯科参加

① 详见 Н. Шведова（ред.）, Русская грамматика, М., Наука, 1980, с. 623-624.

会议。）要求：Прошу покинуть зал.（请离开大厅。）等等。与Прошу... 模式不同，却又意义相近的Умоляю...（我恳求……）模式标识的是执着的请求。至于Просьба...（俄语中表示请求意义的名词形式）加动词不定式这种称名句模式则显得相当正式，并常常被理解为要求：Просьба освободить вагоны.（请离开车厢。）

俄语对动词完成体和未完成体命令式的使用属于规约现象，这与俄语动词体的系统特点直接相关。可以说，使用完成体动词命令式的目的是促使对方完成某种行为，而未完成体动词命令式的目的则是表达促使对方着手实现某种行为的信号。在用于否定形式时，动词命令式的体的选择取决于行为的控制程度特征。此外，动词的词汇意义在与动词体及命令式形式相互作用的同时，经常会发生规约性的偏差。其中也涉及某些具有心态特点的述谓词。

在俄语并列复合句中使用某些动词命令式也应该被认为是一种规约现象，比如这样一些复合句类型的谚语：Пей, да дело разумей.（喝酒可以，但要明白事理。）Ври, да знай меру.（撒谎可以，但要有限度。）Говори, да не заговаривайся.（说话可以，但不要胡说。）等等。 或许 На Бога надейся, а сам не плошай（可以指望上帝，但也别疏忽大意。）也属此列。其中第一个分句的动词命令式表达的不是引发说话者期望的行为，而是允许这一不受欢迎的行为发生，只是要伴随某种限定条件，而第二个分句的动词命令式恰恰提出了这一限定条件。

总的来说，在指示性直接和间接言语行为中，主观情态标志的“自然”使用具有一定的特色。在表达允许意向的言语行为中，第二人称形式动词 мочь 的使用有别于表达确认允许意向的言语行为，后者可以使用动词 мочь 的所有人称形式。相应的语句模

式 Можно...?（可以……吗？）（偶尔也可以是 Могу я...?）在用于一般询问时，可以起到表示征询允许意向的言语行为标志的作用。比如：Можно идти?（可以走了吗？）相应的回答是：Можете идти.（您可以走了。）再如："Можно мне потренироваться ещё?" — "Хорошо, репетируй." —разрешил Бедуля.（"我可以再练习一会儿吗？" — "好吧，练习吧。" —别杜利亚准许了。）与之相反，表示行为必要性的情态标志一般只用在陈述语句中，这些标志当然也可以用作指示性间接言语行为：Вы должны меня оставить.（您应该把我留下。）Пистолет трогать нельзя.（手枪不能动。）例外的情况可能是：Не надо сердиться!（不应该生气！）

最后需要指出的是，极端语义研究方法与极端语用研究方法之间并不存在原则性的对立，区别主要是在侧重点上。如果说极端语用研究方法实际追求的目标是从语言学描写中排除包括间接言语行为在内的所有非规约现象，那么公正的研究方法就是将所有规约现象纳入语言学描写范围，其中也包括具有间接语旨功能的语句的规约化使用方式。

（原载《语言》2000 年第 1 卷）

图书在版编目（CIP）数据

语言学问题散论 / 隋然 著 . —北京：东方出版社，2021.9
（阅读俄国）
ISBN 978-7-5207-2270-4

Ⅰ. ①语… Ⅱ. ①隋… Ⅲ. ①俄语—语言学—文集 Ⅳ. ① H35-53

中国版本图书馆 CIP 数据核字（2021）第 127802 号

语言学问题散论
（YUYANXUE WENTI SANLUN）

作　　者：隋　然
责任编辑：王夕月　杨　灿
出　　版：东方出版社
发　　行：人民东方出版传媒有限公司
地　　址：北京市西城区北三环中路 6 号
邮　　编：100120
印　　刷：北京市大兴县新魏印刷厂
版　　次：2021 年 9 月第 1 版
印　　次：2021 年 9 月第 1 次印刷
开　　本：640 毫米 ×960 毫米　1/16
印　　张：16.5
字　　数：186 千字
书　　号：ISBN 978-7-5207-2270-4
定　　价：60.00 元
发行电话：（010）85924663　85924644　85924641